キーワードからみる

経営戦略 ハンドブック

経営戦略学会 編

同文舘出版

はしがき

　経営学の発展は目を見張るものがある。それは，産業革命による技術革新を契機に，新たな企業の誕生とその成長・発展が継続する中で，科学的管理論や人間関係論などマネジメント論が進化したことから明らかである。しかも，経営学の主たる研究対象である企業の活動領域は，モノ作りからサービスの提供へと拡大するとともに，企業間の競争も増大した。そして，近年はグローバル化とデジタル化の進展によって市場が拡大し，アナログ時代の企業活動とは異なるレベル・領域で企業間競争が激化している。

　こうした経営学発展のプロセスで，競争上優位に立つために必要な「戦略」が主要な分野となったのは当然である。しかも戦略的発想は，もともと軍事的に競争上優位に立つための手段として古くから実用されてきた。そのため，企業がライバルとの競争で優位に立つ必要が増すにつれ，経営者ばかりか学究者も戦略への関心を高めたのである。その結果，企業間で競争が激化するほど戦略への知見が深まり，その研究成果が経営戦略の理論モデルとして数多く生み出されている。

　本書は，経営戦略学会（Japan Academy of Strategic Management）創設20周年を節目に，当学会の歴史に残るものとして企図されたものである。本学会は，経営学という広範囲にわたる領域でも特に重要度が高まってきた経営戦略にフォーカスしたところに特色があり，経営戦略研究の発展に貢献することを期してきた。その意味で，本書の出版は，学会としての存在価値を示すことにつながると思われる。

　わが国においては，戦後の経済成長に即して企業数増大とともに企業に関わる問題も増し，企業を研究対象とする経営学分野の書籍

や辞典類も数知れず出版されるようになった。そして，経営学ブームが時として起こった。しかし，次々と新しい技法・用語が登場する中で，直ぐに陳腐化してしまう書籍には事欠かない。しかも昨今，専門用語の意味検索なら，インターネット情報やウィキペディアがあるので辞典など不要という人が多くなった。それゆえ，経営間連の辞典類は必要性が薄れつつあるといえるかもしれない。

　こうした状況下で，あえて経営戦略に特化したハンドブックを上梓するのは，インターネットによるうわべだけの情報では問題の本質に迫れないからである。インターネットを利用すれば，用語調べは容易だが，他の重要用語との間連性については理解を図れない。そのため，問題の全体像や本質が見えない。経営戦略を構成する様々な要因にはそれぞれに意味があり，それらの関係性がわからなければ，何が問題の本質かわからず，その対策を立てようがない。そうしたことから，あえて本書の刊行を企図したのである。

　本書の特徴は，経営戦略に範囲を絞り，その専門用語の説明を軸に，経営戦略論発展の歴史，経営戦略の軸となるキーワード，理論モデルをコンパクトにまとめている点である。そのため，問題を抱える学習者の立場に立てば，どこのページから入っても理解を深めることができるハンドブックになっている。そして本書の特色は以下の通りといえる。

　①経営戦略についてわからないことがあれば，索引，用語，モデルなど様々な箇所から入り，次第に関連事項の関係性がわかるように配慮されている点

　②経営戦略に関する事項に絞っているため，コンパクトな体裁で常備できる点

　③経営戦略に関して，基本的な事項から最新の理論モデルまで全体的に学べる点

　本書は，このような特徴・特色を持つものであり，経営戦略の初学者はもちろん，経営戦略の実務家や研究者にとっても，座右のハンドブックとして有用であると確信している。

　本書の出版に際して，同文舘出版株式会社専門書編集部の青柳裕之氏と大関温子氏には，企画段階から校正に至るまで格別なサポートをしていただいた。ここに心より謝意を申し上げます。

2023 年 3 月

経営戦略学会

キーワードからみる　経営戦略ハンドブック ● 目次

▌用語集 200用語一覧

キーワードからみる
経営戦略ハンドブック

I

経営戦略論の発展

1. 戦略的発想

　戦略的な発想が初めて紹介されたのは，紀元前500年ごろの『孫子』という兵法書とされている。用語として"戦略"は使われていないが，そこで紹介された発想は，戦いに勝利するための方策であり，今日でも通用する実践性を有している。

　これに対して，"戦略"という用語がはじめて登場したのは，クラウゼヴィッツ（von Clausewitz, C.P.G.）の『戦争論』（1832）においてとされる。その中で戦略は，国家間の戦争で勝利するために必要な方策として展開された。孫子の兵法とクラウゼヴィッツの戦争論はいずれも，直面する状況下で戦いに勝つという目的を達成する際の基本的な方策という点で共通している。

　その後20世紀に入り第一次世界大戦が起こると，戦争を統計的，数学的に分析した研究が登場し，「ランチェスターの法則」が発表された。これは，少ない戦力でも勝てる方策があることを示した戦略論である。このように，戦略に関する考え方は，基本的には戦争に勝利する手段として発展してきたといえる。

　もっとも目的達成という点から経営学を振り返ると，科学的管理法，フォードシステム，人間関係論，近代組織論など，歴史を塗り替える新しい方策の登場に事欠かない。ところが，企業経営における戦略的発想は20世紀前半に芽生えたとはいえ，その理論的分析が行われるようになったのは1960年代になってからに過ぎない。

　企業経営に関して戦略的発想の重要性を初めて指摘したのは，バーナード（Barnard, I.C.［1886-1961］）である。彼は，経営者としての経験から経営上の問題解決を図る際，その根本原因を究極的に探ることは時間的にも能力的にも不可能なため，問題の直接的・決

定的な要因を探し当てればその解決ができるはずだと想定し，それを**戦略的要因**（strategic factor：除去ないし変化させることによって目標達成につながる要因）と名づけ，意思決定の際に考慮すべき必須の要因とした。

2. 戦略の捉え方

　20世紀後半になると，様々な領域で戦略的発想が実践され，戦略の捉え方が明確になった。その代表例がアンゾフ（Ansoff, H.I. [1918-2002]）による戦略を構成する要素に着目したものである。彼は，戦略の構成要素を，①製品－市場分野，②**成長ベクトル**，③**競争優位性**，④**シナジー効果**（相乗効果）に区分して，戦略の特徴を明示した。またホッファー（Hofer, C.W.）とシェンデル（Schendel, D.）は，戦略を事業の観点から捉えて，①事業範囲（**ドメイン**），②資源展開，③競争優位性，④シナジーから成り立つと指摘している（Hofer and Schendel, 1978）。

　このように戦略の捉え方はその後も色々と深掘りされたが，その内容は研究者それぞれの立場で異なる。例えば，目標設定と**戦略策定**を含んだ見方がある一方，戦略策定のみをもってして戦略とする見方もある。その結果，戦略の捉え方は多様な状況に至り，ミンツバーグ（Mintzberg, H. [1939-]）は，1987年公表の論文で，各研究者が共通して取り上げる戦略の項目を頭文字Ｐで類型化し，次のような**戦略の 5P** モデルを提案した。

- 計画（Plan）としての戦略
- 策略（Ploy）としての戦略
- パターン（Pattern）としての戦略
- 位置づけ（Position）としての戦略
- パースペクティブ（Perspective）としての戦略

　これらは，①戦略の形式（plan, pattern），②戦略の内容（ploy, position, perspective）に大別することも可能である。そうすると，性格の異なる戦略が実践される場合もあることがわかる。すなわち，ある局面では計画としての戦略，別の局面では策略としての戦略である。したがって，戦略現象を実際に分析する際，戦略の捉え方は5Pモデルの各モデルの部分的複合体と想定することが有効といえるかもしれない。また別の観点から捉えると，戦略はその使われる局面によって次のような内容が複合化したものと捉えることも可能である。

　①ドメインの設定など将来方向の側面

　②環境との関係といった認識の側面

　③意思決定のパターンや行動ルールの特定化といった実行の側面

　いずれにせよ戦略は，経営者の頭の中にある抽象的なものから具体的な組織行動として表れてくるものまで，レベルの違いを含め，実際の様態は多様である。そして，意図した**計画的戦略**がすべて現実の戦略になるとは限らないし，**創発的戦略**（Mintzberg, 1987）が現実の戦略になってしまうこともある。

3. 経営戦略研究の源流と発展

　戦略のあり方や使い方は経営実践を通して問われてきた。しかし，戦略が研究されるようになった源流をたどると，研究内容の違いを反映して戦略のあり方や使い方は様々であることがわかる。

　第一の源流は，チャンドラー（Chandler, A.D. Jr.［1918-2007］）の *Strategy and Structure*（1962）によるものである。これは，戦略の重要性とともに，経営史的観点から，米国大企業の**多角化戦略**と成功

する組織構造が適合しているかどうかによって，業績が異なること
を示している点に特色がある。さらに弟子のルメルト（Rumelt,
R.P.）は多角化戦略と成果の経験的実証を行い戦略研究深化の可能
性を示した（Rumelt, 1974）。

　第二の源流は，ロッキード社での経営経験のあるアンゾフの研究
である。彼は，過去のデータから外挿して作成する長期計画論の限
界を指摘し，それに代わって，現状の分析から将来を見据えた戦略
的計画論の必要性を展開した。その際アンゾフは，戦略概念を構成
要素の観点から整理するとともに，成長マトリックスによって企業
の製品・市場戦略のあり方を明らかにし，経営戦略研究の領域拡大
を示した（Ansoff, 1965）。

　第三の源流は，アンドリュース（Andrews, K.R.［1916-2005］）を中
心としたハーバード・ビジネス・スクール（HBS）の経営政策論の
新しい展開である（Andrews, 1971）。彼がそこで用いた **SWOT 分析**
は，経営資源を分析する際の基本的な枠組みとして今日でも広く用
いられているが，そうした戦略手法の登場によって，政策（あり方）
でなく戦略（実践）が分析の中心になったのである。

　第四の源流はホッファーとシェンデルの研究である。彼らは，戦
略の策定プロセスを明らかにすることで，経営戦略の研究が構造論
だけでなくプロセス論の可能性のあることを示唆してその後の戦略
研究の裾野を広げた（Hofer and Schendel, 1978）。

　第五の源流は，1980 年以降に見られるもので，新たなアウトサ
イド・イン視点による競争分析や従来からあるインサイド・アウト
の視点による組織能力の再定式化（Barney, 1991）など多様である。
具体的には，一方で産業組織論や取引コスト論，ゲーム論といった
エコノミストの知見を生かした戦略の経済学的研究，他方で社会構
築的パースペクティブを取り入れた戦略の社会学的形成研究であ

る。とりわけ，ポーター（Porter, M.E.［1947-］）の *Competitive Advantage*（1980）は，産業組織論の **SCP** 図式（Structure 構造 - Conduct 行動 - Performance 成果）を前提とした個別企業の競争優位のロジックを明らかにした理論的に画期的なものだった。しかも，実践的にも有効だと評価された本書は，ビジネス書として世界的なベストセラーになり，これを契機に，経営戦略研究は学問的に確立したのである。

　以上のように様々な源流を持つ経営戦略論は，個別に見ると，1970 年代から 1980 年代は競争戦略を軸に発展し，①環境変化に応じて経営資源の活用の仕方に関わる戦略論 Ver.1，②創発的戦略など意図せざる戦略が生起するなど組織プロセスに注目した戦略論 Ver.2，③戦略と成果の関係を明らかにしようとする実証的な戦略論，産業組織論をベースとする競争戦略論，**ケイパビリティ**による戦略論，実践としての戦略論など戦略モデルが多様化する戦略論 Ver.3 というように，その発展度合いを区分することもできよう。

　そうした中で明らかなのは，検証可能な客観的事実をベースとする戦略研究が主流となった点である。その研究方法では，戦略を説明変数として捉え，それに影響を受ける企業の経済的成果などを目的変数とした実証研究や，戦略を目的変数として捉え，どのような影響を受けて戦略が実現されるかという研究が中心に展開された。つまり，戦略を構成する要素間に規則性や因果関係があるという認識論的立場からそれを検証しようとする，実証主義的立場の経営戦略研究である。

　こうした歴史的な経営戦略発展の類型とは異なり，従来の戦略研究をその内容から分析的戦略論とプロセス的戦略論とに区分することもできる。分析的戦略論は，存在論的に戦略があるという前提から対象とする戦略を細分化し，戦略現象を説明しようとするものである。例えば，アンゾフやポーターの戦略論はこれに該当する。こ

れに対して，プロセス的戦略論は，戦略ありきで戦略策定のプロセスを明らかにするものから，戦略は元々あるわけではないという観点によって，対象とする戦略現象が生まれてくるプロセスの違いや使われるプロセスに着目して説明するものまで広がりを持つに至っている。これは，戦略が企業の活動プロセスにおいて次第に特定されていく，と捉える存在論的立場（唯名論）に立つ議論である。例として，戦略形成や創発的戦略の側面に光を当てた研究（Mintzberg 1978; 1985）が該当し，戦略現象が組織メンバーの学習や気づきを軸に企業内で社会的に構成されるという視点に立脚するものがあげられる。

　もっとも，経営戦略の研究が発展する中で，実証主義的立場の研究は，戦略の機能分析をいくら進めても企業経営の戦略実践に役立つ理論モデルが提示されない，という限界が指摘されたことから，戦略の分析症候群というネガティブなレッテルが貼られるようになった。そして，創発的戦略にみられるように，機能的に分析できない戦略現象の側面への関心が高まったのである。さらに 20 世紀後半には，戦略形成プロセスの説明を主とする「**実践としての戦略**（strategy as practice：SaP）」（Whittington, 1996）など，戦略現象の因果関係や規則性の追求を反実証主義的な立場から行う研究が登場するようになった。このため，戦略現象の認識の仕方はますます多様化した様相を示している。

　また一方で，実践的に見ると，マッキンゼー・アンド・カンパニーや**ボストン コンサルティング グループ**（BCG）など戦略系コンサルティング会社が経営戦略の理論的発展に照応してその存在感を増したのも事実である。テーラー（Taylor, F.［1856-1915］）とその弟子たちが，科学的管理法を広めることで経営コンサルティング業の有用性を実証したように，ビジネスの現場におけるコンサルティング

会社への期待は20世紀当初から認知されていた。また，1926年にマッキンゼー（McKinsey, J.［1889-1937］）が創立したマッキンゼー社をはじめ，経営コンサルタント会社の歴史は古い。さらに，経営戦略の分野に限っていえば，1963年に，ヘンダーソン（Henderson, B.［1915-1992］）が設立したBCGによって1970年代初めに開発されたPPMモデル（BCGマトリックスとも称される）の影響が大きい。

　以上のように，孫子の兵法書以来，戦略的発想は実践的・理論的に多様に展開されて今日に至っていることがわかる。様々な経営戦略論の発展を時系列に記すと，図1のようになろう。

図1　経営戦略発展の年代図

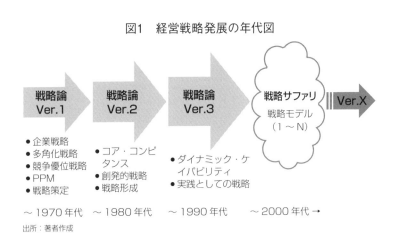

出所：著者作成

4. 経営戦略論の多様性

　経営活動（経営者の意図にそったもの）は企業活動（資本の調達）と事業活動（資本の活用）から成り立っている。したがって，経営活動の目的を達成する手段である経営戦略には資本のあり方に関わる

企業戦略と資本の活用に関わる事業戦略が含まれる。とすると，その内容は企業レベルの戦略，事業レベルの戦略，職能レベルの戦略とそれらの組み合わせによって多様になる。そして具体的には，**成長戦略，競争戦略**，財務戦略，**研究開発戦略**などが想定できる。また，企業間レベルに視野を広げると，グローバル戦略，グループ戦略，提携戦略，**M&A戦略**など，これも様々である。このように経営戦略が多様であることは明らかであり，その歴史的発展を振り返ってみるとその必然性が確認できる。

例えば，1960年代のチャンドラーやアンゾフから，1970年代になるとアンドリュースやホッファーとシェンデルなど，戦略の捉え方から始まり，有効な戦略をどのように生み出すかという戦略策定モデルの構築に関心が移った。しかも1970年代は，GEによる**PIMS**（Profit Impact of Market Strategy）研究やBCGのPPMモデルが創出された時期でもある。そして，それらが有効な戦略ツールとして認識・活用されるようになったため，戦略系コンサルティング会社の存在感がビジネスの世界で増すとともに，経営戦略の理論的裏付けとその実践応用の可能性が現実のものになったのである。

1980年代に入ると，ポーターは，SCP図式を業界でなく個別企業に応用して，企業の活動（activity）をベースにした競争戦略の理論的枠組みを提示するとともに，価値連鎖（**バリューチェーン**）などの戦略分析ツールの有効性を示して，競争優位な戦略のあり方を解明したことで評価を得るに至った（Porter, 1980; 1985）。また1980年代は，日本企業の躍進とともに，欧米流の考え方に疑問を持つ研究者が登場するようになった時期でもある。その成果は，伊丹敬之の『経営戦略の論理』（1980）に見ることができる。

さらに1990年代になると，環境分析や業界分析を重視するアウトサイド・インの発想でなく，企業の独自能力や**模倣困難**性などイ

ンサイド・アウトの発想の重要性が認識されるようになった。この流れは，バーニー（Barney, J.B.）を嚆矢とする**リソース・ベースト・ビュー（RBV）**学派の戦略論として結実されることになり（Barney, 1991），戦略論研究においてポジショニング学派の対抗勢力が形成されることになった。そして，ハメル（Hamel, G）とプラハラード（Plahalad, C.K.）が提示した**コア・コンピタンス**の重要性がビジネスの現場で広く認識されるようになる一方（Hamel and Prahalad, 1994），ポジショニング学派とRBV学派で多くの学者を巻き込んで論争が起こるなど，戦略論の研究はますます活況を呈することになった。もっとも，この種の論争は，結果的に相互補完的な関係にあるということが認識されるにつれ収まるのが歴史の常である。

こうして，経営戦略論の発展はさらに**ダイナミック・ケイパビリティ論**（Teece et al., 1997）の登場によって確実なものになったが，その勢いが増すことによって戦略モデルに混乱を来したのも事実である。そこで整理が求められ，活動ベースの戦略論，資源ベースの戦略論，創発的戦略論など，色々と戦略論の区分けが試みられたが，最も支持を得たのはミンツバーグによる**戦略サファリ**という見方である（Mintzberg et al., 2009）。彼によれば，経営戦略の研究は発展したにもかかわらず，提示される様々な戦略モデルは混乱を極めたサファリ状況にある。そこで彼は，各戦略モデルの特徴を類型して以下のような10の学派に整理した。

①デザイン学派　　　　：構想としての戦略モデル
②計画学派　　　　　　：意図的に策定できる戦略モデル
③ポジショニング学派：分析できる戦略モデル
④起業家学派　　　　　：ビジョンを実現する戦略モデル
⑤認知学派　　　　　　：認知プロセスによる戦略モデル
⑥学習学派　　　　　　：学習プロセスで生まれる戦略モデル

⑦パワー学派　　　　　：交渉プロセスを有利に進める戦略モデル

⑧文化学派　　　　　　：共有価値観を軸とする集合的プロセスと
　　　　　　　　　　　　一致する戦略モデル

⑨環境学派　　　　　　：環境への適応プロセスを表す戦略モデル

⑩コンフィギュレーション学派
　　　　　　　　　　　　：構成要素の変化プロセスを表す戦略モデル

　しかし，これでも各戦略モデルの関係性は不透明なところが多い
ため，まだサファリ状況下にあるといえる多様な戦略モデル状況を
脱するには，コンフィギュレーション・アプローチが有効だと主張
した。コンフィギュレーションとは，構成要素の全体的バランスを
表しており，このアプローチは戦略サファリを俯瞰する点で，また
各学派の考え方を取り込みながら，状況によって複数の見方を取り
入れるという点で有力な見方といえる。そうすると，企業の成長・
発展段階に応じて，戦略や組織のあり方は変わると捉えられる。す
なわち，成長期にはポジショニングを重視し，成熟期には計画を軸
に，模索期には学習の観点から方向性を探り，革命期には起業家精
神を発揮して前向きに戦略を実行するのである。

　こうした戦略モデルの整理の仕方に対して，沼上幹は，経営戦略
論の理論的発展の観点から，戦略モデルを戦略計画学派→創発戦略
学派→ポジショニング学派（ポジショニング・ビュー）→資源ベース
学派（RBV）→ゲーム論学派（ゲーム論アプローチ）という5つの考
え方に集約している（沼上, 2009）。また青島矢一と加藤俊彦は，経
営戦略論の内容に着目し，ポジショニング学派，資源ベース学派，
学習学派，ゲーム論学派を主要な学派として整理している（青島・
加藤, 2012）。いずれにせよ，現況がどうなっているかが研究者の
認識によって異なるのは致し方ないが，経営戦略の研究が発展し，

それが実用化されてきたことは明らかである。

なお，資源ベース学派と RBV との関係について，翻訳上の問題で両者は同じ考え方だとする見方が一般的だが，資源の捉え方から厳密には異なるという見方もなされる。それは，「**見えざる資産**」（伊丹，1980）を含んだ資源を想定する考え方と，見える資源のみを想定した考え方の違いからである。確かに，RBV が見えざる資産の影響を受けたことは歴史的に明らかだが，その発展経緯において，実証できる資源のみが前提とされるようになったといえるのである。したがって両者の関係は，資源ベース学派の方が資源の扱いで広義であるとして，資源学派＞ RBV という図式が成り立つ。

5. 経営戦略論の課題

1980 年にアンゾフも編集に携わった学術誌 SMJ（*Strategic Management Journal*）が創刊されて，経営戦略の研究は学問的に確立するに至った。そして 1980 年には経営戦略学会（Strategic Management Society）の設立，ポーターによる *Competitive Strategy*（1980）と *Competitive Advantage*（1985）の公刊もあり，従来の規範的な戦略論に対して記述的な戦略論へ，理論的分析と実践的応用の可能性がある戦略論へと研究内容が広がるとともに，経営戦略研究のステージが上がったのである。

経営戦略の理論モデルが次々に出てくることは経営戦略論を発展させる上で極めて有意義であった。とはいえ，新しい戦略モデルが登場し多様化（ポジショニング，RBV，学習モデルなど）すると，論者間で同じ土俵に立つことができず，議論が進まなくなってしまう。どのモデルも正しくもあり誤りでもあるという，研究者が**戦略モデルのパラドックス現象**に直面するからである。また，分析の単位や

レベルといったモデル構築の前提が異なると議論がかみ合わないのは当然であり，結果的に戦略サファリの状況に陥っているからである。

上述のように戦略サファリ化した状況では，全体的構成を志向した「コンフィギュレーション」の発想によってのみその混乱を統合する可能性があることをミンツバーグは主張する。だがそれでも，**社会的価値**の観点が欠如しているなど，それで全ての理論を統合することは不可能である。こうした点からも，経営戦略論は依然として多元的状況の問題点を克服するに至っていない，といわざるを得ないだろう。

かつてフリーマン（Freeman, R.E.）がステークホルダーを軸とした「戦略マネジメント論」を主張した際（Freeman, 1984），ほとんどの戦略研究者から無視された。その点についてフリーマンは，「当時としてはラディカルすぎる考え方だった」と 2010 年版の序文で述べている。このことは，企業経営における戦略研究が，研究者の立場（株主志向，顧客志向など）によって恣意的となっていることを示している。戦略を研究する際，ステークホルダーの視点を取り入れることは，分析単位をより関係性の観点から見ることになるため，ステークホルダー・アプローチでは，企業の経済的側面と社会的側面を分けない傾向がある。ここに，1970～80 年代に**経済的価値**創造を意図する戦略研究を主導してきた人たちとの接点がなく，フリーマンの考え方が受け入れられなかった理由があるといえよう。

また近年，「実践としての戦略」がヨーロッパを中心に盛んである。これは，新たな視点からの戦略研究に関心を持つ研究者間の議論をベースに 2003 年に JMS（*Journal of Management*）で特集号が組まれたことがきっかけで広く認識され，徐々に勢力を増している。その内容は，戦略のプロセス研究を足がかりとした戦略研究の新しい視点であり，従来のプロセス志向の創発的戦略や個別事例に着目し

た研究とは異なり，①経営者の戦略策定活動，②戦略ツールの役割，に焦点を当てるものである。そして，戦略の形成・実施の記述を通して，従来の研究方法に基づくモデルでは説明がつかない戦略プロセスの現象を解明しようとするものである。

こうした新たな動向とは別に，経済的価値創造のみを軸に戦略論を主導してきたポーターもクラマー（Kramer, M.R.）と共同で経済的価値ばかりでなく社会的価値の創造も共に必要だとして CSV（Creating Shared Values）論を展開している（Porter and Kramer, 2011）。

以上のような全く新しい視点による研究アプローチの登場によって，ますます戦略研究が活況を呈しているように見える。とはいえ，戦略現象をより分断化した探求がなされたため，それがかえって戦略サファリの状況をますます混迷させ，戦略現象の全体像を捉える統合的な戦略研究のあり方を問わざるを得ない状況になったともいえる。戦略現象をどのように捉えるかは自由であり研究者によって異なるが，その全体像を捉える「戦略マネジメント」は，戦略の全体と個という二面性を含んでおり，そうした問題の克服は今後の課題といえよう。

■ 参考文献

Andrews, K.（1971）*The Concept of Corporate Strategy*. Dow-Jones-Irwin.（山田一郎訳『経営戦略論』産業能率短期大学出版部，1976 年）

青島矢一・加藤俊彦（2012）『競争戦略論（第 2 版）』東洋経済新報社.

Ansoff, H.I.（1965）*Corporate Strategy*. McGraw-Hill.（広田寿亮訳『企業戦略論』産業能率短期大学出版部，1969 年）

Barnard, C.I.（1938）*The Functions of the Executive*. Harvard University Press.（山本安次郎・田杉競・飯野春樹訳『新訳 経営者の役割』ダイヤモンド社，1968 年）

Barney, J.B.（1991）Firm Resources and Sustained Competitive Advantage. *Journal of Management*, 17（1）: 99-120

Barney, J.B.（2001）*Gaining and Sustaining Competitive Advantage*, 2nd ed. Person

Education.（岡田正大訳『企業戦略論【上】【中】【下】』ダイヤモンド社，2003 年）

Chandler, A.D. Jr. (1962) Strategy and Structure. M.I.T. Press.（有賀裕子訳『戦略は組織に従う』ダイヤモンド社，2004 年）

Freeman, R.E. (1984) *Strategic Management: Stakeholder Approach*. Harpercollins College.

Hamel, G. and C.K. Prahalad (1994) *Competing for the Future*. Harvard Business School Press.（一條和生訳『コア・コンピタンス経営』日本経済新聞社，1995 年）

Henderson, B. (1979) *Henderson on Corporate Strategy*. Harper Collins.（土岐坤訳『経営戦略の核心』ダイヤモンド社，1981 年）

Hofer, C.W. and D. Schendel (1978) *Strategy Formulation: Analytical Concepts*. West Publishing Company.（奥村昭博・榊原清則・野中郁次郎訳『戦略策定』千倉書房，1981 年）

伊丹敬之（1980）『経営戦略の論理』日本経済新聞出版社

Mintzberg, H. (1978) Patterns in Strategy Formation. *Management Science*, 24 (9)：934-948

Mintzberg, H. (1985) Of Strategies, Deliberate and Emergent. *Strategic Management Journal*, 6 (3)：257-272

Mintzberg, H. (1987) The Strategy Concept I：Five Ps for Strategy. *California Management Review*, Fall: 11-24.

Mintzberg, H., B. Ahlstrand, and J. Lampel (2009) *Strategy Safari*, 2nd ed. Free Press.（齋藤嘉則監訳『戦略サファリ（第 2 版）』東洋経済新報社，2013 年）

沼上幹（2009）『経営戦略の思考法』日本経済新聞出版社。

Porter, M.E. (1980) *Competitive Strategy*. Free Press.（土岐坤・中辻高治・服部照夫訳『新訂 競争の戦略』ダイヤモンド社，1995 年）

Porter, M.E. (1985) *Competitive Advantage*. Free Press.（土岐坤訳『競争優位の戦略』1985 年）

Porter, M.E. and M.R. Kramer (2011) Creating Shared Value. *Harvard Business Review*, January-February.（「共有価値の戦略」『ダイヤモンド・ハーバード・ビジネスレビュー』2011 年 6 月号）

Rumelt, R.P. (1974) *Strategy, Structure and Economic Performance*. Harvard University Press.（鳥羽欽一郎・山田正喜子・川辺信雄・熊沢孝訳『多角化

戦略と経済成果』東洋経済新報社，1977 年）

Rumelt, R.P.（2011）*Good Strategy Bad Strategy: The Difference and Why It Matters*. Currency.（村井章子訳『良い戦略，悪い戦略』日本経済新聞社，2012 年）

Teece, D.J., G. Pisano and A. Shuen（1997）Dynamic Capabilities and Strategic Management. *Strategic Management Journal*, 18（7）: 509-533.

Weick, K.E.（1969）*The Social Psychology of Organizing*. Addison-Wesley.（金児暁訳『組織化の心理学』誠信書房，1980 年）

Weick, K.E.（1979）*The Social Psychology of Organizing*, 2nd ed. Reading, MA: Addison-Wesley.（遠田雄志訳『組織化の社会心理学』文眞堂，1977 年）

Whittington, R.（1996）Strategy as Practice, *Long Range Planning*, 29（5）: 731-735

（大月博司）

Keyword

CSV　M&A 戦略　PIMS　PPM モデル　SCP　SWOT 分析
アウトサイド・イン　インサイド・アウト　価値連鎖（バリューチェーン）
企業活動　競争戦略　競争優位　経営活動　計画的戦略　経済的価値
研究開発戦略　コア・コンピタンス　コンフィギュレーション　事業活動
実践としての戦略　シナジー効果　社会的価値　ステークホルダー　成長戦略
成長ベクトル　戦略　戦略形成　戦略策定　戦略サファリ　戦略ツール
戦略的発想　戦略的要因　戦略マネジメント　創発的戦略
ダイナミック・ケイパビリティ　多角化戦略　プロセス的戦略論
分析的戦略論　ポジショニング学派　ボストン コンサルティング グループ
模倣困難　ランチェスターの法則　リソース・ベースト・ビュー（RBV）

アンゾフ　アンドリュース　伊丹敬之　加藤俊彦　クラウゼヴィッツ
クラマー　チャンドラー　テーラー　沼上幹　バーナード　バーニー
ハメル　プラハラード　フリーマン　ヘンダーソン　ポーター
マッキンゼー　ミンツバーグ　ルメルト

Ⅱ

研究対象別戦略論

戦略策定
戦略類型
戦略転換
競争優位戦略
戦略マネジメント

戦略策定
〔strategic formulation〕

理論を整理する時，内容理論とプロセス理論に分けて論じることができる。戦略論でいえば，内容理論には，例えば**多角化戦略**，**ニッチ戦略**，競争戦略，**成長戦略**，撤退戦略など多くの戦略がある。一方，プロセス理論は戦略形成や戦略実行のプロセスを扱うもので，**戦略策定**はこのプロセス理論に該当する。

初期の戦略策定の理論として，ホッファー（Hofer, C.W.）とシェンデル（Schendel, D.）の理論がある。彼らは1978年に *Strategy Formulation: Analytical Concepts*（邦題『戦略策定：その理論と手法』）を著し，戦略策定のプロセスをアンドリュース（Andrews, K.）の戦略策定をもとに，以下の図1のように示した。

図1　戦略策定プロセス

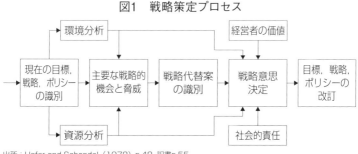

出所：Hofer and Schendel（1978）p.48, 訳書p.55

戦略策定のプロセスは，以下のような7つのステップから成る戦略策定モデルとして理解することができる（Hofer and Schendel, 1978: 47, 訳書：53-54）。

①戦 略 の 識 別：現在の戦略と戦略構成要素の評価

②環 境 分 析：組織が直面する主たる機会と脅威をはっきりさせ
　　　　　　　　るための特定の競争環境とより一般的な環境の評
　　　　　　　　価

③資 源 分 析：次の第４ステップで明らかにされた戦略ギャップ
　　　　　　　　を縮めるのに利用可能な主たるスキルと資源の評
　　　　　　　　価

④ギャップ分析：現在の戦略にどのくらいの変更が必要なのかを決
　　　　　　　　めるために，環境における機会と脅威に照らして
　　　　　　　　行う組織の目標，戦略，資源の比較（多くのモデ
　　　　　　　　ルではこのステップは明示的というよりも暗黙的であ
　　　　　　　　る）

⑤戦 略 代 替 案：新しい戦略を形成するための戦略オプションの識
　　　　　　　　別

⑥戦 略 評 価：株主，経営者，および他のパワー保有者や利害関
　　　　　　　　係者の価値観や目標，利用可能資源，さらにこれ
　　　　　　　　らを十分に満たすような代替案を識別するために
　　　　　　　　ある環境の機会と脅威などの観点から行う戦略オ
　　　　　　　　プションの評価

⑦戦 略 選 択：実施のための１つないしそれ以上の戦略オプショ
　　　　　　　　ンの選択

　具体的な策定手法としては，**ボストン コンサルティング グループ**
(BCG) が開発した**PPM**（product portfolio management）が BCG マト
リックスとして有名である。この BCG マトリックスは**経験曲線**と
製品ライフサイクルを前提としたものであり，この前提のもとに

BCGマトリックスが策定されることになる（大月ほか，2008: 205-206）。

図2　BCGマトリックス

出所：大月ほか（2008）p.205

①花形製品（高シェア，高成長）

　資金流入量は多いが，市場成長率が高いためシェア維持を図るのに多くの投資を必要とするので，必ずしも資金源とはならない。しかし，市場成長率が低下すれば「金のなる木」になるので，将来の資金源となる可能性がある。

②金のなる木（高シェア，低成長）

　資金流入量が多く，しかも市場成長率が低いため，もはやシェア維持を図るのに多くの投資を必要としないので，資金源となる。

③問題児（低シェア，高成長）

　資金流入量は少ないが，市場成長率が高いため，シェアを維持し拡大するために多くの投資を必要とする。もしその投資をしなければすぐにシェアを失い，また現状維持程度の投資をしても，市場が成熟期に入って成長が止まると「負け犬」になってしまう。

④負け犬（低シェア，低成長）

　資金流入量が少なく，しかも景気変動などの外部要因によって収益性が左右されやすい。また，市場成長率が低いため投資などの資金流出は少なくシェアを維持することは可能かもしれないが，将来の資金源になる可能性はない。

　このBCGマトリックスで「負け犬」に分類された製品は破棄され，「花形製品」「金のなる木」「問題児」の製品を持つことが重要となる。さらに，「問題児」となった製品をいかに「花形製品」「金のなる木」に持っていくかによって，成長の機会を得ることができるとされる。しかしながら，この手法に頼り切ることは，経験曲線の罠にはまり失敗する可能性があることを念頭に置かなければならない。なぜならば，経験曲線は組織におけるクローズド・システムの能率の論理であり，製品の単位当たりのコストの削減に目を奪われてしまうからである。

　また，ミンツバーグ（Mintzberg, H.）［1939-］らは著書 *Strategy Safari*（邦題『戦略サファリ』）で戦略を，①デザイン・スクール，②プランニング・スクール，③ポジショニング・スクール，④アントレプレナー・スクール，⑤コグニティブ・スクール，⑥ラーニング・スクール，⑦パワー・スクール，⑧カルチャー・スクール，⑨エンバイロメント・スクール，⑩コンフィギュレーション・スクールに分類している（Mintzberg et al., 1998）。そして，①デザイン・スクール，②プランニング・スクール，③ポジショニング・スクールは戦略形成の理論として位置づけられている。その中で，①デザイン・スクールは最もベーシックな考え方を提唱しており，コンセプト構想プロセスとしての戦略形成を基本としている。それは，**SWOT分析**を用い，企業の内部能力の強みと弱み，企業を取り巻く外的可

能性の機会と脅威を適合させることにより戦略を形成するというものである。この学派は，戦略構想に不可欠な仮説構築力を養うための基礎を提供しており，まさに，「組織構造は戦略に従う」という命題を取り入れているとされる。その具体的手法としては，SWOT分析をあげることができる。SWOT分析とは，組織を取り巻く外部環境に潜む機会や脅威（opportunities & threats）を考慮した上で，その組織の強みと弱み（strengths & weaknesses）を評価することであり，企業の内部能力と外的可能性を調和させることである。

　しかしながら，以上のような計画された戦略が策定されたとしてもそれがそのまま実行されるとは限らず，戦略が策定され，実行されるまでの間に新たな戦略が必要になるかもしれない。その戦略形成のプロセスをミンツバーグ（Mintzberg, H.）は示している。彼は**意図した戦略**が実行されるのではなく，実際に実行される戦略は**創発的戦略**と一体となって行われるとして，図3のように表している。

　戦略意図に従って策定された**計画的戦略**のうち時間の経過とともに一部の戦略は未実現となり，そしてその代わりに創発的戦略が必

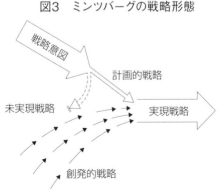

図3　ミンツバーグの戦略形態

出所：Mintzberg（1987）p.10

要となり，計画された戦略とこの創発的戦略が実現戦略として実行されるというプロセスである。戦略が策定された時点から時間が経てば経つほど組織を取り巻く環境は変化していき，その環境に適合した戦略が求められることを示しているといえる。

　2000年に入ると，組織全体としてのレベルのマクロ的戦略研究から組織のミクロレベルへの関心が戦略論において見られるようになった。このミクロレベルの研究は，組織の個人や集団に焦点を当て，さらにワイク（Weick, K.）の組織化（organizing）に着目し，そのプロセスの中に戦略を位置づけるという**戦略化**（strategizing）の研究がイギリスを中心として議論された。この研究は，のちに**実践としての戦略**として展開されることになる。

■ 参考文献

Andrews, K.（1971）*The Concept of Corporate Strategy*. Dow-Jones-Irwin.（山田一郎訳『経営戦略論』産業能率短期大学出版部，1976年）

Hofer, C.W. and D. Schendel（1978）*Strategy Formulation: Analytical Concepts*. West Publishing Company.（奥村昭博・榊原清則・野中郁次郎訳『戦略策定：その理論と手法』千倉書房，1981年）

Mintzberg, H.（1987）The Strategy Concept Ⅰ: Five Strategy. In Carroll, G.R. and Vogel, D.（eds）*Organizational Approaches to Strategy*. Cambridge: Ballinger Publishing.

Mintzberg, H., B. Ahlstrand and J. Lampel（1998）*Strategy Safari: A Guided Tour Through the Wilds of Strategic Management*. The Free Press.（齋藤嘉則監訳『戦略サファリ：戦略マネジメント・ガイドブック』東洋経済新報社，1999年）

大月博司・髙橋正泰・山口善昭（2008）『経営学：理論と体系（第三版）』同文舘出版.

Weick, E.K.（1979）*The Social Psychology of Organizing*, 2nd ed. Reading, MA: Addison-Wesley.（遠田雄志訳『組織化の心理学（第2版）』文眞堂，1997年）

（髙橋正泰）

Keyword

BCG マトリックス　SWOT 分析　意図した戦略　環境分析　機会
ギャップ分析　脅威　計画的戦略　経験曲線　資源分析　実践としての戦略
成長戦略　製品ライフサイクル　戦略化　戦略形成　戦略策定　戦略選択
戦略代替案　戦略評価　創発的戦略　組織化　多角化戦略　ニッチ戦略
ボストン コンサルティング グループ

アンドリュース　シェンデル　ホッファー　ミンツバーグ　ワイク

戦略類型
〔types of strategy〕

1. 環境の認識と組織的な適応パターン

　経営戦略が，長期的な環境適応についての内部諸活動の意思決定指針であることを考えると，計画にせよ創発にせよ戦略は，市場と技術，発展段階，既存の戦略，リーダーシップ，**組織文化**などの外部・内部環境の影響を踏まえて，環境と内部諸活動を整合させる役割を果たさなければならない。

　さて，同じ産業に置かれる企業であっても，環境は同じではない。企業は，**ドメイン**（事業領域）を選択することによって，個別の環境を選択しているし，意味形成（解釈）プロセスを経て環境を主観的に創造するともいえる。例えば，同じ製薬メーカーであっても医家向けを指向するか大衆薬を指向するかは異なる環境をデザインすることに他ならないし，電気自動車を得意としてきたか，ハイブリッド車を得意としてきたかによって，その会社が描く自動車業界の未来の環境は異なるであろう。

　また，それぞれの環境に対して，どのように対応するかも異なる。同じ大衆薬メーカーであっても，新薬を自社で開発する戦略をとるのであれば新薬のニーズを探究し開発に取り組む研究開発組織に投資し，それを適切にマネジメントする仕組みが必要だろうし，逆に開発や生産の一部をアウトソーシングし，自社ブランドで市場に供給するという戦略をとるのであれば，むしろマーケティング部門を強化することが必要である。結局環境の認識とそれと整合的な

組織は企業によって様々なのである。

　この企業によって様々な環境の認識と組織的な適応パターンのセットを類型化したものが，戦略類型（typology）である。これをマイルズ（Miles, R.E.）とスノー（Snow, C.C.）は「戦略タイプ」と呼び（Miles and Snow, 1978），ミンツバーグ（Mintzberg, H.）[1939-]をはじめとするマギル大学の研究者は「コンフィギュレーション」（Mintzberg, 1979; Miller, 1986）と呼んだ。バーンズ（Burns, T.）とストーカー（Stalker, G.M.）の「変化の緩やかな環境の選択と機械的構造vs変化の早い環境と有機的構造」（Burns and Stalker, 1961），チャンドラー（Chandler, A.D. Jr.）[1918-2007]の「単一製品市場志向戦略と職能別組織 vs 多角化戦略と事業部制組織」（Chandler, 1962）も戦略類型に関する諸研究に整理できよう。

　ただし，戦略類型という用語には誤解も見られるようである。「差別化」「コスト・リーダーシップ」「集中」，「全社」「事業（競争）」なども確かに戦略の分類である。しかしながら，これらの概念では，企業戦略の全体像を把握することはできないし，それぞれ「三つの基本戦略」「階層別戦略」などのより適切な名称が与えられている。本節では，全社戦略のレベルでの戦略類型について，代表的な理論を取り上げ，類型を考えることの意義と展望について述べる。

2. 代表的な理論

(1) マイルズとスノーの適応サイクルと戦略パターン

　彼らの理論によると，それぞれの組織の経営者は，企業者的な判断に基づいて製品／市場領域を選択する（企業者的問題）。引き続きこの戦略を効率的に実現するために，生産コミュニケーションシス

テムをデザインする（技術的問題）。さらに，機構と過程の両面から
このシステムの合理化を図るとともに，次の革新のための環境探査
を継続する（管理的問題）。

　以上の企業者的→技術的→管理的問題からなる一連の環境適応サ
イクルが，戦略類型に相当し，以下の4つのパターンによって分類
される。どれが優れているということではなく，受身型を除く防衛
型，探索型，分析型はそれぞれ自社の認識し創造した環境に整合的
な戦略パターンである。

- 防　衛　型：ニッチ市場を限定し，その中での卓越性を追求し，
　　　　　　　市場浸透を成長戦略とするタイプ。自社の市場を安
　　　　　　　定したものと認識し，効率を追求するための技術開
　　　　　　　発に注力する。
- 探　索　型：活発な企業者的活動によって，常に新市場・新製品
　　　　　　　の先取りを目指すタイプ。プロジェクトチームを多
　　　　　　　用することによって，以上の戦略を実現しようとす
　　　　　　　る。新領域には失敗もつきものなので手堅い防衛型
　　　　　　　には利益率で劣ることが多い。
- 分　析　型：防衛と探索のバランスがとれているタイプ。探索型
　　　　　　　のライバル企業の成功に素早く追随するために，部
　　　　　　　門間のコミュニケーションを可能にするマトリック
　　　　　　　ス組織が用いられる。
- 受け身型：明確な戦略と管理システムに一貫性を欠くタイプ。
　　　　　　　トップの企業者的機能が不全であったり，見出した
　　　　　　　戦略に整合的な技術や管理のシステムが選択されて
　　　　　　　いなかったりする。

　マイルズとスノーの類型論は，戦略と組織の整合性，言い換えれば効果的な適応サイクルに焦点が当てられている。加えて，企業内の実力者グループ（多くの場合経営者）の環境認識と企業者的判断が類型選択を促す，と考えている。

(2) ミンツバーグのコンフィギュレーション

　ミンツバーグのコンフィギュレーション概念は，やや組織や調整の方法に議論が偏っているきらいがあるが，自ら『戦略サファリ』（Mintzberg et al., 1998）でコンフィギュレーションスクールとして言及することによって，類型論の普及に大きな役割を果たした。コンフィギュレーション（configuration）という用語は，構成要素の状態と組み合わせ方を意味している。つまり，戦略類型は，経営者のパワー，生産や販売の現業組織，スタッフ，組織文化といった要素の状態と組み合わせによって表すことができ，環境とタスク，使命，発展段階と整合的なコンフィギュレーションが存在すると彼らは考えたのである。ここでは，以下の6類型を示す。

- 企　業　家　型：単純なニッチ市場を経営者のリーダーシップで探究する戦略を持ち，単純で小規模な組織構造を特徴とする。
- 機　械　的　組　織：計画立案過程を公式化して戦略を形成し，高度の専門分業を伴う階層的な構造を持ち，大量生産産業に典型的に見られる。
- 多　角　的　組　織：トップがポートフォリオとして形成した戦略の下に個別の事業を担当するアウトプット組織が存在する。
- 専門職業的組織：組織全体の環境と戦略は安定的だが，細部を

　　　　　　　　専門タスクに応じて常に微調整し，いわば専
　　　　　　　　門職業的官僚制によって運営される。病院や
　　　　　　　　大学が代表例。
- 革 新 的 組 織：学習，草の根によって戦略が創発的に形成さ
　　　　　　　　れ，チームや相互調整のアドホクラシーを特
　　　　　　　　徴とする。
- イ デ オ ロ ギ ー：カリスマ的なビジョン（≒戦略）と強い文化
　　　　　　　　が支配し，価値観や信条によって組織化され
　　　　　　　　ている。

　ミンツバーグは，コンフィギュレーションと同時にトランス
フォーメーション，つまり変化の議論が欠かせないことを指摘して
いる。安定的に見えるコンフィギュレーションであっても，経営者
の戦略選択や組織学習の結果，異なるコンフィギュレーションへと
転ずることによって環境変化に適応していくのである。

3. 多国籍企業と戦略類型

　戦略類型に関する研究潮流として指摘し得るのが，企業の多国籍
化とそれに適合する組織についての研究蓄積である。ガルブレイス
（Galbraith, J.R.）とネサンソン（Nathanson, D.A.）の「発展段階モデ
ル」（Galbraith and Nathanson, 1978），チャンドラーの『組織は戦略に
従う』（Chandler, 1962）以来の戦略と構造の適合関係に注目する諸
研究の1つとして位置づけられる。

　彼らのモデルは，構造，R&D，業績測定，報酬，トップマネジ
メントへのキャリアパス，リーダーのスタイルと統制などが戦略に
よって異なることを示唆している。ごく単純に戦略と組織タイプを

具体的に示せば，以下の通りである。

- 単 純 組 織（S）：単一製品を扱い，単純な職能制をとる。
- 職 能 部 門 制（F）：単一製品垂直統合戦略をとり，集権的職能制を特徴とする。
- 持 株 会 社（H）：非関連**多角化戦略**をとり，製品事業部をプロフィットセンターとする。
- 事 業 部 制（M）：内部成長戦略によって**関連多角化**を図り，分権化された製品事業部をプロフィットセンターとする。この事業部制組織は，多角化の程度が高い場合は各事業部が個別に海外事業を行い，海外売上比率が高い場合には地域別事業部制を指向する（Stopford and Wells, 1968）。
- 世　界　的（G）：多国籍に多製品を展開し，世界的な製品（地域）事業部を分権的プロフィットセンターとする。

　多くの米国企業は S → F → M → G の経路をたどって発展したことが明らかにされた。もちろん，多国籍化の程度によって，つまりとる戦略によって発展段階の途中にとどまることを否定するものではない。

　バートレット（Bartlett, C.A.）とゴシャール（Ghoshal, S.）は，**ケイパビリティ**に注目した4つの戦略類型を提示している（Bartlett and Ghoshal, 1998）。まず，1980年代までは以下の3類型が広く見られた。

- マルチナショナル：**コモディティ**商品によく見られるローカ
　　　　　　　　　　　ル市場間のニーズの差異が大きい環境に
　　　　　　　　　　　あるため，分権化し，進出先ごとに自己
　　　　　　　　　　　充足的なケイパビリティを持つ。

- グ　ロ　ー　バ　ル：規模の経済や統一の利益が大きく働く環
　　　　　　　　　　　境にあるため，R&Dをはじめとして本
　　　　　　　　　　　社が集権的なケイパビリティを持つ。

- インターナショナル：ローカル市場ごとにニーズや政府規制が
　　　　　　　　　　　異なり，これに対応する必要がありつつ
　　　　　　　　　　　も規模や統一の利益が大きい環境にある
　　　　　　　　　　　ため，本社の公式の計画やコントロール
　　　　　　　　　　　の下に各国に資源と責任が分散するよう
　　　　　　　　　　　なケイパビリティを持つ。

　上記3類型は，ローカル市場への対応，グローバルな効率，本社
からの**イノベーション**の移転というトレードオフの関係にある戦略
目的をそれぞれ追求するために生じた戦略類型である。1990年代
以降，このトレードオフを克服するために生まれてきたのが以下の
トランスナショナル類型である。

- トランスナショナル：ローカル市場への対応，効率，本社から
　　　　　　　　　　　のイノベーションの移転という戦略目的
　　　　　　　　　　　を，競争力や柔軟性，世界的な組織学習
　　　　　　　　　　　を可能にするための手段としてとらえ
　　　　　　　　　　　る。適材適所で開発や生産を行い，ロー
　　　　　　　　　　　カルなニーズの充足と高品質・低コスト
　　　　　　　　　　　をグローバルに実現する統合的なネット

ワークとしてのケイパビリティを持つ。

　さて，バートレットとゴシャールも，移行について論じている。ある類型からトランスナショナルへの移行には，単に公式組織の構造を変化させることのみならず，ケイパビリティに対する見方や行動のコンテクストを，トップの積極的な関与の下で変化させることが必要である。

4. 類型論の意義と展望

　戦略を環境認識と組織的対応のセットとして類型化しようとする試みは，上記で紹介した理論にとどまらない。例えば「両利きの経営」（O'Reilly and Tushman, 2016）にせよ「**ダイナミック・ケイパビリティ**」（Teece, 2009）にせよ，企業の環境認識と組織的対応には，既存知識の活用を重視する「片利き」ないしは「**オーディナリー・ケイパビリティ**」型と，新知識の探索も（を）重視する「両利き」ないしは「ダイナミック・ケイパビリティ」型があることを示している。いわば，戦略類型論の最新版である。また，近年注目される「**ビジネスモデル**」（井上，2019）も類型に他ならない。

　このように，戦略を類型化する試みは今日なお行われているが，ここでは，類型論の意義と今後の展望について考えたい。

　まず，マイルズとスノーの類型論が示唆するように，同じ業界であっても，環境の認識の仕方によって組織的対応が異なり，複数の成功パターンが存在することを確認させてくれる。例えばキッコーマンはしょうゆから飲料，ワインまでを世界的に展開する分析型で成功しているが，ヒガシマルや正田醤油は，しょうゆと調味料を中心とした防衛型で成功しているといえる。このように同一市場で

あっても，環境の認識いかんで，複数の成功パターンが存在することを示しているのが類型論の１つ目の貢献である。そう考えると片利きから両利きへの転換や，ダイナミック・ケイパビリティのみを重視することは，唯一の正解ではないのかもしれない。

　次に，類型論は，戦略を環境，戦略目的，構造，組織能力，経営者などの複数の要素の組み合わせとして捉える視点を提供したことである。何が戦略類型を構成する要素となるのかは，分析目的と論者によって異なるものの，戦略が成功するためには，改めて要素間の整合性が強調されるべきである。

　さらに，ミンツバーグらのコンフィギュレーションに関する議論が示唆するように，類型概念が存在することによって，組織や戦略の変革をある類型から別の類型への移行として捉えることができる。複数の成功パターンが存在するといえども，類型を構成する重要な要素が変化することによって，異なる類型への移行を必要とするかもしれない。この移行のプロセスそのものを描き出すことについて，ここで取り上げた類型論者は，主に経営者のリーダーシップの果たす役割に注目しつつ論じている。確かに，経営者の役割は否定できないであろう。しかしながら，創発戦略や，**実践としての戦略**に見られるように，構造変化を描くためのまた別の視点や議論も必要だといえよう。

■ 参考文献

Bartlett, C.A. and S. Ghoshal (1998) *Managing Across Borders: The Trans-National Solution*. Harvard Business School Press.

Burns, T. and G.M. Stalker (1961) *The Management of Innovation*. Oxford University Press.

Chandler, A.D. (1962) *Strategy and Structure: Chapters in the History of the Industrial Empire*. M.I.T.Press.（有賀裕子訳『組織は戦略に従う』ダイヤモンド社，2004 年）

（右端縦書き）
Ⅱ　研究対象別戦略論

Galbraith, J.R. and D.A. Nathanson（1978）*Strategy Implementation: The Role of Structure and Process*. West Publishing.（岸田民樹訳『経営戦略と組織デザイン』白桃書房，1989 年）

井上達彦（2019）『ゼロからつくるビジネスモデル』東洋経済新報社.

Miles, R.E. and C.C. Snow（1978）*Organizational Strategy, Structure, and Process*. Mc-Graw-Hill.（土屋守章，内野崇，中野工訳『戦略型経営：戦略選択の実践シナリオ』ダイヤモンド社，1983 年）

Miller, D.（1986）Configurations of Strategy and Structure: Towards a Synthesis. *Strategic Management Journal*, 7（3）: 233-249.

Mintzberg, H.（1979）*The Structuring of Organizations: A Synthesis of the Research*. Prentice Hall.

Mintzberg, H., B. Ahlstrand and J. Lampel（1998）*Strategy Safari: A Guided Tour Through the Wilds of Strategic Management*. The Free Press.（齋藤嘉則監訳『戦略サファリ：戦略マネジメント・ガイドブック』東洋経済新報社，1999 年）

O'Reilly III, C.A. and M.L. Tushman（2016）*Lead and Disrupt: How to Solve the Innovator's Dilemma*. Stanford University Press.（入山章栄監訳『両利きの経営』東洋経済新報社，2019 年）

Stopford, J. and L. Wells（1972）*Managing the Multinational Enterprise*. Longmang.（山崎清訳『多国籍企業の組織と所有政策』ダイヤモンド社，1976 年）

Teece, D.J.（2009）*Dynamic Capabilities and Strategic Management: Organizing for Innovation and Growth*. Oxford University Press.（谷口和弘，蜂巣旭，川西章弘，ステラ・S・チェン訳『ダイナミック・ケイパビリティ戦略：イノベーションを創発し，成長を加速させる力』ダイヤモンド社，2013 年）

（日野健太）

Keyword

イノベーション　オーディナリー・ケイパビリティ　環境の認識
既存知識の活用　ケイパビリティ　コスト・リーダーシップ　コモディティ
コンフィギュレーション　差別化　実践としての戦略　集中　新知識の探索
戦略タイプ　戦略パターン　戦略類型　組織文化
ダイナミック・ケイパビリティ　適応サイクル　ドメイン　トランスナショナル
ビジネスモデル　類型論

ガルブレイス　ゴシャール　スノー　チャンドラー　ネサンソン
バートレット　マイルズ

戦略転換
〔strategic change〕

　研究者あるいは実務家の間では環境変化が激しい点について多く論じられてきた。とりわけ近年では，企業を取り巻く環境の変化が激しく，業界の垣根も低くなり，新規参入も多く見られるといえる。そのため，企業は新たに参入してくる企業に常に注意を払うとともに，環境変化に応じて自社の戦略を迅速に変更することが求められる。つまりいかなる戦略であれ，かつて有効であった戦略がその後陳腐化してしまう可能性があるため，企業は環境に応じて絶えず戦略を変更する必要があるといえる。

　戦略転換（strategic change については戦略変更や戦略的転換と訳される場合もある）についてはその重要性から経営学，とりわけ経営戦略論（strategic management）において多くの関心が持たれてきた。戦略転換の定義は多様であり，必ずしも定まっていない。ある論文によると，戦略転換はミッションや目的あるいはプライオリティの変更，もしくは資源配分の変更などと関連深い概念とされる（Gioia et al., 1994: 364）。また別の研究によると，戦略転換は企業の資源配分の変更や事業範囲の変更などを指す（Rajagopalan and Spreitzer, 1997: 49）。さらに大月博司によると，戦略転換は既存の戦略から「新市場を志向した戦略に変えること」などを意味する（大月, 2005: 117）。

　これらの概念定義を踏まえると，戦略転換は企業による「主体的な経営戦略の変更」を意味し，事業範囲や資源配分の変更などを説明する構成概念といえるであろう（小沢, 2019：54）。例えば従来は家電事業に注力していた企業が電気自動車事業へ新たに参入すること，通信事業で活動を行っていた企業がロボット事業に参入するこ

となどは戦略転換の一例といえる。より具体的な例としては，例えば富士フィルムが化粧品業界に進出したことや，かつてキヤノンが半導体事業に進出したことなどがあげられる。なお，戦略転換の概念には，**企業戦略**の変更と**事業戦略**の変更の双方が含まれる。

　戦略転換については，新しい戦略の策定とその実行というように大きく2つのフェーズに分かれている。まず戦略転換を行うためには，どのような戦略を立てるかという**戦略策定**のフェーズがある。その際には，自社の強みや弱み，あるいはポジションや経営資源・**ケイパビリティ**を考慮する必要があるであろう。戦略策定の段階においては，経営者のリーダーシップも重要な要素の1つになり得る。

　このような戦略策定の段階に加え，新しい戦略を実行に移す段階も重要といえる。なぜなら，いくら有効な戦略を策定してもそれが実行されないならば企業の実際の活動は変わらず，環境変化に対応できない恐れがあるためである。そして，このような実行段階は従業員が深く関与するため，実際に戦略転換が企業の有効性に寄与するかは従業員に大きく左右される。例えば経営者が新たな業界への進出を計画しても，その成果については現場の従業員に大きく依存することになる。そのため，実際の企業活動を変更する際には（経営者主導で強行的に行うことも可能であるが）経営者のみならず従業員の新しい戦略に対する理解や協力あるいは支援も必要であるといえる。戦略転換の実行は企業において最も重要なタスクの1つであり，それが失敗に終わった際には悲惨な結果に陥る可能性があるともいわれる（Sonenshein, 2010）。

　なお，戦略転換と非常に関連深い概念としては組織変革（organizational change）があげられる。組織変革の定義も様々であり必ずしも定まっていないが，例えば「組織の主体者（経営主体）が，

環境の変化がもたらす複雑性の中で行う組織の存続を確保する活動」と定義される（大月，2005: 6）。組織と戦略は密接に関連しているため，戦略転換を行う際には組織変革を伴う場合もあるであろう。上記の議論と関連させるならば，特に新しい戦略を実行に移す段階では，戦略転換と組織変革の双方を検討すべきである。

　このような戦略転換について，その先行要因の1つとして経営者の交代，つまり新たな経営者の就任が論じられてきた。そして，新たな経営者の就任と戦略転換の関係性については主にアッパー・エシェロン・パースペクティブ（upper echelons perspective）の文脈で論じられてきた。アッパー・エシェロン・パースペクティブも経営学，とりわけ経営戦略論の研究者の多くの関心を集めてきた。アッパー・エシェロン・パースペクティブでは，比較的パワーを持っている経営者あるいはトップマネジメントチームなどに注目する。そして，①経営者やトップマネジメントチームの経験や価値観およびパーソナリティなどの要因が，②**イノベーション**や多角化，買収，戦略転換などの企業の戦略的な活動に影響を与え，③それが企業の業績に影響を与えるという比較的単純な分析枠組みを想定している（例えば Finkelstein et al., 2009; Hambrick and Mason, 1984）。

　経営者の交代が戦略転換に与える影響については多くの研究が行われてきた。もちろん，実際には多くの要因が関連すると考えられるが，例えば（経営者の交代後に）新しく就任した経営者が新しい事業に進出するという戦略を提示してそれが実行された際には，経営者の交代が戦略転換をもたらしたと経営学研究では想定される。そして，経営者の交代が戦略転換に与える影響を検討する際に，多くの場合に外部出身者が内部出身者に比べて戦略転換を促す傾向があるといわれる。つまり企業に新しく就任する経営者が，①これまでその企業に在籍していたケースと②在籍していなかったケースが考

えられるが，後者がより戦略転換をもたらす傾向があると考えられてきた。ただし，外部出身の経営者が戦略転換に与える影響は均一でなく多くの要因に影響を受けるといえる。既存研究によると，例えば前任者の退任が慣習通りであったか，企業のパフォーマンスは悪化していたかなどは（Karaevli and Zajac, 2013），外部出身の経営者の就任と戦略転換の関係性に影響を与えると考えられてきた。

　それでは，なぜ外部出身の経営者の就任が戦略転換を促すと考えられてきたのであろうか。既存研究では新しく就任した経営者が戦略転換を促す点を説明する際に，前任の経営者と後継者となる経営者の（企業を取り巻く環境に対する）認知の違い，そしてそれがもたらす情報プロセスの違いが戦略転換の源泉になる点に注目してきた。経営者は認知的な限界が見られるために，認知マップなどを用いて複雑な状況の中で情報を理解して意思決定を行っている。そのような認知マップは経営者の過去の経験あるいは蓄積された知識によって形成されるため，少なからず異なる経験をしてきた経営者は異なる認知マップを有している。異なる認知マップは異なる意思決定をもたらすため，経営者の交代によって異なる認知マップを有する経営者が就任した際には戦略転換が行われると主張されるのである（Hutzschenreuter et al., 2012；Wiersema, 1992）。

　内部出身の経営者，とりわけ多くの時間をある１つの企業で過ごしてきた経営者は，その企業の価値観や規範をある程度受け入れる傾向があるといえる。そのため，内部出身の経営者は比較的類似の価値観を持つようになり，認知マップも比較的同質化しやすいといえる。それに対して外部出身の経営者は，就任直後はあまり社会化されておらず，その企業の文化に慣れ親しんでいないと考えられる。そのため，外部出身者の認知マップは前任者のそれと異なる可能性が高いと考えられるのである。

　他にも，外部出身の経営者が起用される際に取締役会はその経営者に戦略転換を期待しているケースが多いとされる。反対に，内部出身の経営者を起用する場合には現状の戦略を維持することが望まれている傾向があるといわれる（Finkelstein et al., 2009）。

※本項は，次の論文の一部文章に加筆修正を行ったものである。
小沢和彦（2018）「外部出身の経営者の就任が戦略的転換に与える影響の検討」『経営戦略研究』18: 31-42.

■ 参考文献

Finkelstein, S., D.C. Hambrick and A. Cannella（2009）*Strategic Leadership: Theory and Research on Executives, Top Management Teams, and Boards*. New York: Oxford University Press.

Gioia, D.A., J.B. Thomas, S.M. Clark and K. Chittipeddi（1994）Symbolism and Strategic Change in Academia: The Dynamics of Sensemaking and Influence. *Organization Science*, 5（3）: 363-383.

Hambrick, D.C. and P.A. Mason（1984）Upper Echelons: The Organization as a Reflection of its Top Managers. *Academy of Management Review*, 9（2）: 193-206.

Hutzschenreuter, T., I. Kleindienst and C. Greger（2012）How New Leaders Affect Strategic Change Following a Succession Event: A Critical Review of the Literature. *Leadership Quarterly*, 23（5）: 729-755.

Karaevli, A. and E.J. Zajac（2013）When Do Outsider CEOs Generate Strategic Change?: The Enabling Role of Corporate Stability. *Journal of Management Studies*, 50（7）: 1267-1294.

大月博司（2005）『組織変革とパラドックス（改訂版）』同文舘出版.

小沢和彦（2018）「ダイナミック・ケイパビリティの衰退と戦略的転換：Upper Echelons パースペクティブを踏まえて」『経営哲学』15（2）: 36-46.

小沢和彦（2019）「戦略的転換・組織変革研究におけるモメンタム仮説とディセラレーション仮説」『日本経営学会誌』43: 53-65.

Rajagopalan, N. and G.M. Spreitzer（1997）Toward a Theory of Strategic Change: A Multi-lens Perspective and Integrative Framework. *Academy of Management*

Review, 22（1）: 48-79.

Sonenshein, S.（2010）We're Changing-or Are We? Untangling the Role of Progressive, Regressive, and Stability Narratives During Strategic Change Implementation. *Academy of Management Journal*, 53（3）: 477-512.

Wiersema, M.F.（1992）Strategic Consequences of Executive Succession Within Diversified Firms. *Journal of Management Studies*, 29（1）: 73-94.

（小沢和彦）

Keyword

イノベーション　価値観　企業戦略　ケイパビリティ　事業戦略　戦略
戦略策定　戦略転換　組織変革　認知マップ

競争優位戦略

〔competitive advantage strategy〕

1. 競争優位とは何か

　競争戦略の目的は，ある特定の業界における**競争優位**の獲得に他ならない。とはいえ，競争優位の定義は論者によって異なり，統一的な見解があるわけではない。

　バーニー（Barney, J.B.）によれば，競争優位とは「その企業の行動が業界や市場で**経済的価値**を創出し，かつ同様の行動を取っている企業がほとんど存在しない場合に，その企業が置かれるポジション」であり，競争に圧倒的に成功している状態をいう（Barney, 2002）。つまり，ある特定の企業が持つ競争に関するセオリーが，その業界や市場に適合していて，他の企業はほとんど全くそのセオリーを知らないか，もしくはそのセオリーに基づいて完全に行動することができない場合，その企業は競争優位にある。また，ある企業が競合他社よりも多くの経済的価値を生み出せる時，その企業は競争優位を保持している。経済的価値とは，買い手がその製品・サービスに対して支払ってもよいと考える額（顧客の認知価値）と，売り手がその製品・サービスの生産・販売に要した総コストとの差のことである。したがって，ある企業の競争優位の大きさは，その企業が生み出す経済的価値と競合他社が生み出す経済的価値との差として捉えることができる（Barney and Hesterly, 2020）。

　グラント（Grant, R.M.）は，競争優位について「同一市場において，2つ以上の企業が競合している時，ある企業が，継続的に高利潤率をあげている，またはあげる可能性を有している場合，その企

業は競争優位を持っている」としている（Grant, 2016）。ここで留意すべきは，競争優位の概念は高い収益性（または経済的価値）として具現化されない場合も含んでいるという点である。このように，競争優位を捉える際，顕在化した収益性の側面だけではなく，潜在的な収益性獲得の可能性も含めて考える必要があるのは，たとえ高い収益性をあげることができる企業であっても，マーケットシェア，技術開発，顧客ロイヤルティ向上への投資，経営幹部への報酬等に資金を振り分けることで，今後のさらなる競争優位の獲得を優先する場合があるためである。

2. 2つの競争優位と3つの基本戦略

　競争優位は相対的概念である（Magretta, 2012）。すなわち，競争優位は相対的コストと相対的価格の問題であり，相対的コストはコスト優位に関わり，相対的価格は**差別化優位**に関わる。コスト優位は，競合他社に比べてコスト面で優れる方法であり，差別化優位は，独自性と価値あるものを買い手に提供し，競合他社よりも高い価格設定を実現する方法である。この2つの競争優位のタイプと戦略ターゲットの幅（広いか狭いか）の組み合わせにより，コスト・リーダーシップ戦略，差別化戦略，集中戦略（コスト集中，差別化集中）の3つの基本戦略を見出すことができる（Porter, 1980）。

　ただし，基本戦略を選択するに当たり，原則，企業は3つの基本戦略のうちのいずれか1つの戦略を選択しなければならない。なぜなら，戦略ターゲットの幅や競争優位のタイプが異なれば，具体的な戦略アクションも異なるからである。例えば，戦略ターゲットを狭く設定する集中戦略のメリットは，戦略ターゲットを広く設定することにより失われる。あるいは，コスト・リーダーシップ戦略と差別化戦略は戦略ターゲットの幅は同じであっても，競争優位のタ

イプが相矛盾する関係にあるため，求められる戦略アクションも異なり，競争優位を獲得することは困難を極める。このように，複数の戦略を同時追求することにより，窮地に陥ってしまう状況を「スタック・イン・ザ・ミドル（stuck in the middle）」という（Porter, 1980）。もちろん，ある一定の条件下では，スタック・イン・ザ・ミドルを回避することもできる。例えばそれは，①競合他社が戦略を見失い，スタック・イン・ザ・ミドルに陥っている。②マーケットシェアや異業種の相互関係によってコストが大きく変わる。③強力な技術イノベーションを成し遂げたことにより，低コストと差別化を同時に追求できる場合である。

　いずれにせよ，上記の条件下にないのであれば，相矛盾する複数の戦略の同時追求は避ける必要がある。さもなければ，1つの戦略を選択し，競合他社にはない独自の価値を提供しようとする企業との競争において劣勢に立たされることになるからである。とはいえ，スタック・イン・ザ・ミドルの議論については，理論的にも経験的にも多くの批判的な見解があることを忘れてはならないだろう。

3. ポジショニング・ビューとリソース・ベースト・ビューの源流

　なぜある特定の企業は，業界内において競争優位を獲得できるのだろうか。これまでの競争戦略研究を振り返る限り，競争優位の源泉を説明する分析視角には，ポジショニング・ビューとリソース・ベースト・ビューの2つがある。

　ポジショニング・ビューは，メイソン（Mason, E.S.），ベイン（Bain, J.S.），ケイブス（Caves, R.E.）等を中心に発展したハーバード学派の産業組織論におけるSCPパラダイムを援用し，競争戦略の概念を提唱したポーター（Porter, M.E.）［1947-］の主張を基盤とす

る見方である。SCP パラダイムは，「S（structure: 産業構造）→ C（conduct: 企業行動）→ P（performance: パフォーマンス）」という一連の因果関係を想定している。すなわち，「産業構造（買い手と売り手の集中度，製品差別化，参入障壁，需要の成長率等）が企業行動（価格戦略，製品戦略，R&D，設備投資や資金調達等）に影響を与え，パフォーマンス（生産や資源配分の効率性，技術革新，分配の公正等）を決定づける」ことを示している。このため，ポジショニング・ビューでは，①新規参入の脅威，②既存競争業者間の敵対関係の強さ，③代替製品・サービスの脅威，④買い手の交渉力，⑤売り手の交渉力の5つからなる企業の「外部環境」としての業界の構造的特性に注目する。具体的には，**ファイブ・フォース分析**を通じた**業界の構造分析**から魅力的な業界を選択し，競合他社からの競争圧力を回避し得るポジションを発見してそこに自らをポジショニングすることを強調するのである。

これに対して，リソース・ベースト・ビューは，経営資源や**組織能力**といった企業の「内部環境」に注目して，個々の企業間におけるパフォーマンスの相違を説明しようとする見方である。リソース・ベースト・ビューの礎を築いたのは Wernerfelt（1984）であるが，この分析視角による研究の発展においては，Barney（1986; 1991），Dierickx and Cool（1989），Hamel and Prahalad（1994）が大きな貢献をしたといってよい。

ところで，リソース・ベースト・ビューの源流は，リカード（Ricardo, D.）の地代理論や企業を「管理組織体であるとともに生産資源の集合体」として捉えたペンローズ（Penrose, E.T.）の会社成長の理論にある。また，ポジショニング・ビューがハーバード学派の産業組織論の影響を受けたのに対して，リソース・ベースト・ビューはスティグラー（Stigler, G.J.），デムセッツ（Demsetz, H.），ブ

ローゼン（Brozen, Y.）を中心に発展したシカゴ学派の産業組織論に影響を受けている点も注目すべき点である。ハーバード学派がその分析焦点を産業レベルに置くのに対し，シカゴ学派はその分析焦点を企業レベルに置き，企業間の費用効率格差に注目する。例えば，両学派の分析焦点の相違は，市場集中度と利潤率の関係についての主張の相違に最も反映される。具体的には，「市場集中度が高い市場では，企業間の暗黙の共謀や協調行動が容易であったり，あるいは高い**参入障壁**が新規参入を抑制するため，高い利潤率になる」とするハーバード学派の主張に対し，シカゴ学派は「市場集中度が高い市場では，**規模の経済**や習熟効果等の大企業による効率的な経営がなされるため，高い利潤率になる」と主張する。

　こうしたシカゴ学派の発想は，「競争優位を獲得するためには競合他社よりも優れた価値を創出しなければならないが，それは個々の企業の経営資源それ自体や経営資源を効率的に調達・蓄積し，そのポテンシャルを最大限に活用し得る組織能力に依存する」というリソース・ベースト・ビューの基本的な主張に活かされるのである。

　以上，ポジショニング・ビューとリソース・ベースト・ビューは，その源流に違いがあるため，アカデミックな立場から競争優位の源泉を説明する上では対立するものと捉えられる場合がある。しかしながら，**SWOT分析**をもとに実際の企業の戦略策定を試みることを想定すれば明らかなように，企業の外部環境も内部環境も重要であり，両者が交わるところに戦略はある。その意味で両者は補完的であるといえる（岡田, 2001）。

4. 持続的競争優位と一時的競争優位

　ポジショニング・ビューであれリソース・ベースト・ビューであ

れ，競争優位研究の多くは競合他社からの模倣を回避し，持続的競争優位を獲得することを前提としてきた。

　ポジショニング・ビューによれば，業界内における競争上有利なポジションに自らをポジショニングし，参入障壁と移動障壁を高めることができれば，競争優位は持続するものと考える。具体的な参入障壁および移動障壁としては，規模，事業単位間の相互関係，活動間の連結関係，独占的な習熟性，特許等があげられる（Porter, 1985）。他方，リソース・ベースト・ビューでは，経営資源の**模倣困難性**が持続的競争優位の重要な条件になる。例えば，**VRIO** フレームワークによれば，模倣コストを高める要因として，独自の歴史的条件，因果関係不明性，社会的複雑性，特許がある（Barney, 2002）。したがって，ある特定の経営資源がこれらの要因に当てはまるならば，それを保有しない競合他社が同じ経営資源を調達・蓄積しようとしてもコスト上不利になるため，持続的競争優位の源泉になり得るのである。

　だが，現実は，必ずしもすべての業界においてポジショニング・ビューとリソース・ベースト・ビューが思い描いた通りになっているわけではない。すなわち，企業の栄枯盛衰の歴史を振り返れば，持続的競争優位には寿命があり，永続するものではないこと。そして，多くの業界では競争環境が激しさを増しており，それに伴い持続的競争優位の期間がますます短くなってきていることがわかる。実は，この点にフォーカスした研究はかなり前から存在しており，この代表的研究に，D'Aveni and Gunther（1994）のハイパーコンペティション（hypercompetition）の研究がある。ハイパーコンペティションとは，集中的で急速な競争行動によって特徴づけられる環境であり，そこでは競争主体が優位性を迅速に構築し，ライバルの優位性を浸食すべく行動しなければならない。このため，ハイパーコ

ンペティション下における競争優位は，持続的ではなく一時的にならざるを得ない。その後，一時的競争優位の問題を扱った研究にWiggins and Ruefli（2002; 2005）があるが，これらの研究では，「持続的に優れた経済的パフォーマンスをあげられる期間は徐々に短くなってきていること」，「ハイパーコンペティションはハイテク産業に限定されるのではなく，多くの産業で生じていること」，「企業は一時的競争優位を鎖のようにつなぎ合わせることで競争優位を持続させようとすること」等について，大規模な統計データをもとに明らかにしている。

　近年の一時的競争優位にフォーカスした研究には，McGrath（2013）がある。この研究によれば，昨今の競争環境では持続する競争優位を持てる企業は稀であり，先頭を走り続けるには，常に新しい戦略的取り組みを打ち出すことで，多くの一時的競争優位を同時並行的に確立し活用する必要があると主張する。このような競争優位は，1つひとつは短期間しかもたないかもしれないが，全体をポートフォリオとして組み合わせることで企業は長期間にわたるリードを維持できる。この際，企業は一時的優位のライフサイクルを素早く回すことを学ぶとともに，多数の取り組みを同時並行で開発・管理する能力を身につけなければならないとした。

　もちろん，すべての業界において一時的競争優位の獲得を目指した戦略対応が求められるわけではない。競争優位のあり方は，個々の企業や事業が直面する競争環境によって変わるからである。この点では，競争優位戦略は競争環境の特性を見極めた上で策定・実行する必要がある。

■ 参考文献

浅羽茂（2004）『経営戦略の経済学』日本評論社.

Barney, J.B.（1986）Strategic Factor Markets:Expectations,Luck,and Business Strategy. *Management Science*, 32: 1231-1241

Barney, J.B.（1991）Firm Resources and Sustained Competitive Advantage. *Journal of Management*, 17（1）: 99-120

Barney, J.B.（2002）*Gaining and Sustaining Competitive Advantage,* 2nd ed. Prentice-Hall.（岡田正大訳『企業戦略論：競争優位の構築と持続（上)』ダイヤモンド社．2003 年）

Barney, J.B. and W. Hesterly（2020）*Strategic Management and Competitive Advantage: Concepts*〔*Global Edition*〕, 6th ed. Pearson Education.（岡田正大訳『［新版］企業戦略論：戦略経営と競争優位（上)』ダイヤモンド社．2021 年）

D'Aveni, R.A. and R.E. Gunther（1994）*Hypercompetition: Managing the Dynamics of Strategic Maneuvering*. Free Press.

Dierickx, I. and K. Cool（1989）Asset Stock Accumulation and Sustainability of Competitive Advantage. *Management Science*, 35（12）: 1504-1511

Grant, R.M.（2016）*Contemporary Strategy Analysis,* 9th ed. John Wiley & Sons.（加瀬公夫訳『グラント現代戦略分析（第 2 版)』中央経済社．2019 年）

Hamel, G. and C.K. Prahalad（1994）*Competing for the Future*. Harvard Business School Press.（一條和生訳『コア・コンピタンス経営：大競争時代を勝ち抜く戦略』日本経済新聞社, 1995 年）

小西唯雄編（2002）『産業組織論と競争政策』晃洋書房.

Magretta, J.（2012）*Understanding Michael Porter: The Essential Guide to Competition and Strategy*. Harvard Business Press.（櫻井祐子訳『［エッセンシャル版］マイケル・ポーターの競争戦略』早川書房．2012 年）

丸山雅祥（2020）『市場の世界：新しい経済学を求めて』有斐閣

McGrath, R.G.（2013）Transient Advantage. *Harvard Business Review*, June.（辻仁子訳「事業運営の手法を変える 8 つのポイント：一時的競争優位こそ新たな常識」『DIAMOND ハーバード・ビジネス・レビュー』2013 年．November）

岡田正大（2001）「ポーターVS バーニー論争の構図：RBV の可能性」『DIAMOND ハーバード・ビジネス・レビュー』May.

Penrose, E.T.（1995）*The Theory of the Growth of the Firm*, 3rd ed. Oxford University Press.（日高千景訳『企業成長の理論（第 3 版)』ダイヤモンド社,

2010 年)

Porter, M.E.（1980）*Competitive Strategy*. Free Press.（土岐坤・中辻萬治・小野寺武夫訳『競争の戦略』ダイヤモンド社，1982 年)

Porter, M.E.（1985）*Competitive Advantage: Creating and Sustaining Superior Performance*. Free Press.（土岐坤・中辻萬治・小野寺武夫訳『競争優位の戦略：いかに高業績を持続させるか』ダイヤモンド社，1985 年)

Wernerfelt, B.（1984）A Resource-Based View of the Firm. *Strategic Management Journal*, 5（2).

Wiggins, R.R. and T.W. Ruefli（2002）Sustained Competitive Advantage: Temporal Dynamics and the Incidence and Persistence of Superior Economic Performance. *Organization Science*, 13（1).

Wiggins, R.R. and T.W. Ruefli（2005）Schumpeter's Ghost: Is Hypercompetition Making the Best of Times Shorter?. *Strategic Management Journal*, 26.

（今野喜文)

Keyword

SCP　SWOT 分析　VRIO　イノベーション　規模の経済　競争優位
経済的価値　コスト・リーダーシップ　差別化　参入障壁　持続的競争優位
収益性　集中　スタック・イン・ザ・ミドル　組織能力
ファイブ・フォース分析　ポートフォリオ　ポジショニング・ビュー
マーケットシェア　模倣困難　ライフサイクル　リソース・ベース・ビュー

グラント　バーニー　ペンローズ

戦略マネジメント
〔strategic management〕

　経営戦略論は，中期経営計画論の発展型である**戦略計画**論として成立した。すなわち，経営を「計画→実行→統制」の過程とみなす管理過程論の枠組みに沿っていえば，あくまでも計画の策定に焦点を絞って理論化が進められた。しかし，戦略計画論の研究が蓄積されるにつれて，計画段階だけでなく，戦略の実行ならびに統制までも理論の射程に収める必要性が認識されるようになった。この段階に至って，経営戦略論の対象は戦略計画から戦略マネジメントに拡張されたということができる。

　戦略マネジメントにおいては，企業・組織の**ビジョン**ならびに目標の重要性が指摘される。ビジョンという概念は，経営理念，使命（ミッション），経営哲学，パーパスなど他の用語で説明される場合もあるが，それらはみな企業・組織の基本的な価値観，規範，存在理由などに関する言明を意味する。ビジョンより具体的な企業・組織の進むべき方向性あるいは到達点の指標として目標が位置づけられる。売上高，利益額，成長率などはわかりやすい目標であるが，近年社会的責任の見地から，経済的目標とともに環境問題などに関連する非経済的目標も設定する企業が増えている。

　ビジョンならびに目標を実現するための企業・組織の基本方針あるいは基本計画として経営戦略が位置づけられる。経営戦略は，**企業戦略**（**全社戦略**），**事業戦略**（**競争戦略**）と**機能別戦略**に区別される。企業戦略については様々な定義づけがなされるが，その根幹は「企業・組織が行う事業の組み合わせ」を決定することであり「事業構造の選択」といわれることもある。このレベルの戦略決定には，新

規事業開拓と既存事業からの撤退に関する意思決定が含まれる。

　企業戦略により決定される企業・組織の事業構造における各事業レベルの戦略が事業戦略である。これは，実質的な内容としては各事業における同業他社との競争を意味するので，競争戦略といわれる場合も多い。競争戦略の基本類型に関しては，ポーター（Porter, M.E.）［1947-］の3類型（コスト・リーダーシップ，**差別化**，集中）が有名である。

　事業戦略よりも下位に位置づけられるのが機能別戦略である。これは企業・組織の機能（調達・購買，生産・オペレーション，販売・マーケティングなど）ごとの戦略を意味しており，企業戦略との比較において「**戦術**」と呼ばれることもある。基本的に機能別戦略は企業戦略および事業戦略の下位に位置づけられるが，状況によっては企業戦略と同等の重要性を持つこともある。例えば，資金繰りが苦しく倒産の危機に瀕している企業の場合，資金調達のための財務戦略が企業戦略と同等あるいはそれ以上の重要性を持つことになる。

　企業・組織の基本方針あるいは基本計画として経営戦略を立てる場合には，企業・組織を取り巻く経営環境および自社（自組織）が持つ経営資源と**組織能力**の分析が重要である。これは **SWOT 分析**などの名称で総称される。この意味するところは，企業・組織を取り巻く好機（チャンス）と脅威を識別した上で，自社（自組織）が保有する経営資源や組織能力を確認し，好機を活かしかつ脅威を回避するための方針あるいは計画を立てることである。なお，ポーターが示す5つの競争要因（**ファイブ・フォース・モデル**）は，経営環境分析のためのフレームワークの一種とみなすことができる。また，経営資源および組織能力の分析については，有価証券報告書など企業・組織に制度的な開示義務がある財務情報以外は，理論的な概念フレームワークはあるものの，具体的な測定指標・測定方法が存在す

るわけではない。しかし近年，国内外の企業が統合報告書において非財務情報を開示する傾向にあり，これらは企業の経営資源および組織能力に関する情報とみなすことができる。

チャンドラー（Chandler, A.D.）［1918-2007］の「組織は戦略に従う」という有名な命題が端的に示すように，方針あるいは計画としての経営戦略を実行するには，組織マネジメントの必要性が生じてくる。組織マネジメントの基本は，組織構造の設計である。組織構造とは，具体的にいえば①分業（部門化と専門化），②標準化，③公式化，④階層化，⑤分権化，という次元で捉えられる。組織における分業体制を構築するために，組織を大きな部門に分ける部門化と，部門化の枠内において個人レベルでの分業・職務分担を決める専門化がある。標準化とは，組織内における業務を一定の型・パターンに当てはめることを意味し「定型化」と言い換えることもできる。公式化とは，組織内の規則，手順（マニュアル）などを文書化することであり「文書化」「明文化」ということもできる。階層化とは，組織内に管理職・役職の階層を設けることを意味する。最後の分権化とは，組織内の各階層にどれだけの権限を与えるか（権限委譲）を意味する。

部門化は，戦略との関連が最も深い組織構造である。部門化の基本型は，生産・オペレーション，マーケティングなどの機能ごとに部門を設定する機能別部門化，事業ごとに部門を設置する事業部制であり，実際にはこれら2つの部門化が同一組織内で併用されているケースは多い。総合電機メーカーのように多様な事業を行っている場合は，事業部制を基本として組織構造が構築される。それに対して自動車メーカーは，規模は大きいが機能別部門化を基本とし，一部に事業部制を取り入れている。部門化は，組織内のコミュニケーション，知識・情報の共有，意思決定などに影響を与えるとい

う意味で，戦略の実現に大きな影響を及ぼしている。

　専門化に関して企業では，「ジョブ型」と呼ばれる人事制度を採用する傾向にある。これは，個々人の職務の専門性をより明確化することを意味する。経営戦略の策定および実行の両面において，IT，法律，財務などに関する専門知識がますます必要とされるという環境変化に対応した流れといえる。

　標準化と公式化は，現場の業務効率を上げるとともに製品・サービスの質を一定に保つためにも不可欠な要因である。一般には，標準化と公式化を推進した内容を文章，図表，写真などを使用してマニュアルにまとめるケースが多い。階層化と分権化についていえば，現在の大きな潮流としては，階層の数は必要最小限に減らし，階層の下位に権限を付与する分権化が推奨される場合が多い。特に，顧客に対する迅速な対応が求められる事業においては，こうした傾向が顕著である。ただし，大規模な自然災害や事故，テロなどが発生した場合は，一時的に集権化を行い迅速な**リスク**管理対応を行うことが，戦略的にも重要である。

　組織構造は「分業と統制の体系」ともいわれ，組織コントロールと呼ばれることもある。上で述べた組織構造の諸要因はすべて，組織メンバーの思考・行動，コミュニケーション，知識・技能などに一定の枠組みと秩序を与えることで，組織メンバーをコントロールしているといえる。

　コントロールに関していえば，予算によるコントロールも多くの組織で使用される。事業部制を採用する場合は，部門ごとの売上高，利益額などが予算として設定可能であり，これらの数値は，当該事業を継続するか否かの**戦略的意思決定**にとっての基礎的情報になる。機能別部門化の場合，売上高，利益の予算設定ができない部門は，原価，経費などで予算が設定される。

　組織構造とも関連するのが，ガバナンス体制の構築である。日本の大会社（会社法上は資本金5億円以上あるいは負債額200億円以上）でかつ公開会社（発行する株式のどれか一部についてでも譲渡制限を定めていない会社）の場合，監査役会設置会社，指名委員会等設置会社，監査等委員会設置会社の3類型のいずれかを選択しなければならない。日本の大企業では，従来から存在する監査役会設置会社を採用する企業が多数派であるが，指名委員会等設置会社あるいは監査等委員会設置会社を採用する企業も増えている。ガバナンス体制は，経営者層（取締役，執行役，執行役員など）の戦略的意思決定に大きな影響を及ぼすものであり，戦略マネジメントの重要な要因といえる。

　いまひとつ組織のマネジメントにとって重要な要因として**組織文化**がある。組織文化は，一般には組織風土という用語で説明される場合も多く，社風，校風などの用語はそうした事情を反映している。組織文化の概念定義も多様であるが，「組織のメンバーが共有する基本的な価値観，規範，思考・行動様式などの総体」という定義が可能である。ここで重要なのは，企業・組織のホームページ，パンフレットなどに記載されているビジョン，経営理念などで言及される価値観，規範などではなく，組織のメンバーが実際に共有している価値観，規範などである。建前と本音でいえば，本音の部分を意味する。

　経営学において組織文化が注目されるようになったのは1980年代以降であるが，その背景には組織文化が業績に及ぼす影響が広く認識されたという状況がある。異なる言い方をすると，「分析的で緻密な計画としての経営戦略」よりも「製品・サービスを提供する現場従業員（組織メンバー）を含めた組織文化」が業績を左右するという認識が広がったということができる。

　さらにいえば，組織文化は戦略を実現するための手段ではなく，

組織文化こそが経営戦略を規定するという見方もある。すなわち，戦略的意思決定は経営環境および経営資源・組織能力に関する将来予測に基づいて行われるが，将来は不確実で曖昧である。それゆえに戦略的決定は，経営者や組織メンバー（従業員）の価値観，規範や思考様式の影響を免れることはできないという意味において，組織文化に規定されるということである。このように，経営戦略と組織文化は極めて密接に関連しているのである。

　戦略マネジメント論では，経営者層および管理者層の人々のリーダーシップも重視される。特に企業・組織の最上位に位置する経営者層を想定すると，企業・組織を取り巻く環境を的確に認識し，ビジョンを掲げて経営戦略を策定することは，広い意味でのリーダーシップに含まれる。また組織構造により組織内には一定の枠組み・秩序が形成されるが，すべての状況において企業・組織にとって望ましい思考・行動がとられるとは限らない。そうした組織構造の不完全性を補い経営戦略を実施するためには，中間管理層および現場管理層におけるリーダーシップが欠かせない。

　リーダーシップとの関連でいえば，組織メンバーのモチベーションにも配慮する必要があり，それとの関連において人事制度の設計も戦略マネジメントの対象となる。どのような経営戦略を採用するにせよ，組織内のメンバーが戦略に沿った思考・行動をとらなければ意味をなさない。それゆえに，経営戦略との整合性を認識した採用，給与体系，人事評価制度などの人事制度を設計する必要がある。

　さらにいえば，IT（情報技術）の活用も戦略マネジメントの領域に含まれる。これは大きく2つに分けられる。1つは，事業それ自体のモデル（**ビジネスモデル**）構築においてITを活用する機会が増えており，今後もその傾向が続くと予想される。そのため，経営戦略

において，特に事業モデル（ビジネスモデル）構築を検討する上で，ITは欠かせない視点である。

　いまひとつは，組織マネジメントにおけるITの活用，情報システムの構築である。ITは，組織内における便利で有益なコミュニケーション・ツールであるが，他方において対面コミュニケーションに比べて，伝達される情報の質は劣るともいわれる。また使い方によっては情報過多の状況に陥り組織内コミュニケーションの効率を阻害するともされる。それゆえに，既に述べた組織構造の諸要因を意識した情報システムの構築が求められる。

　以上のように，戦略マネジメントにおいては，経営のほぼすべての側面が程度の差はあれ，関連してくる。経営戦略とは「時と場合に応じて，最も重要な事柄に経営資源をつぎ込む」ということもできるので，そうした理解に立てば，戦略マネジメントが経営のすべての側面に関わるのは当然といえよう。

（藤田誠）

Keyword

5つの競争要因　SWOT分析　階層化　価値観　企業戦略　機能別戦略
競争戦略　公式化　コスト・リーダーシップ　差別化　事業戦略　事業部制
集中　整合性　戦術　戦略計画論　戦略的意思決定　戦略マネジメント
組織構造　組織コントロール　組織能力　組織文化　組織マネジメント
ビジネスモデル　ビジョン　標準化　ファイブ・フォース・モデル　部門化
分業　分業と統制　分権化　ミッション　リーダーシップ

チャンドラー

Ⅲ
用　語　集

アーキテクチャー〔architecture〕あーきてくちゃー

　元来，建築の様式や工法，構造を表す用語である。ところが，IBM がこの用語をシステム構築において使ったことから IT 分野で広く用いられることになり，コンピュータやソフトウェアの設計思想あるいは共通仕様を表す用語となった。さらに近年，他分野でも使われるようになり，基本的な設計や構造，製品規格，共通仕様などを表すものとされている。　　　　　　　　　　　　　　　　　　　　　　　　　　（大月博司）

アウトソーシング〔outsourcing〕あうとそーしんぐ

　アウトソーシングとは外部（アウト）の経営資源を活用（ソーシング）することを指し，外部委託とも呼ばれる経営手法である。企業が新たに事業を立ち上げる場合に必要とされる各種の経営資源を自己調達するためには大きな負担と準備時間を必要とするが，その一部を外部から調達することにより負担を軽減させ，スタートアップを速やかに行うことが可能となる。また自社の強みと弱みの分析を通して，既存事業の弱い部分を外部資源に切り替えることによって速やかに自社の事業構造の強靱化を図ることが可能となる。1985 年にポーター（Porter, M.E.）によって**バリューチェーン**（**付加価値**連鎖）という戦略手法が提唱されて以降，企業の戦略的経営におけるポピュラーな手法とされている。　　　（吉村孝司）

アフォーダンス〔affordance〕あふぉーだんす

　アメリカの心理学者ギブソン（Gibson, J.J.）が認知心理学の分野で提唱した概念であり，望む行為の遂行を可能とするリソース（資源）が環境によって用意され，備えられていることを意味する。この概念を経済社会での事態に適用すると，アメリカのシリコン・バレーでは，起業を目指す者に対し，ベンチャー・キャピタルが出資の面で支援してくれ，優れた大学・研究機関が科学知識のスピルオーバー（流出）をもたらしてくれ，多様な企業群が目指す事業の補完業者となってくれるなど，起業を行う上でのアフォーダンスが豊富にもたらされているといえる。何らかの人工物が持つアフォーダンスとは，その物の取り扱いについての強い手がかりを示すものである。例えば，ドアノブがなく平らな金属片が付いたドアは，その金属片を押してドアを開ければよいことを示し，引手のついたドアは，引手を引いてドアを開ければよいことを示している。

　　　　　　　　　　　　　　　　　　　　　　　　　　　　（廣田俊郎）

アントレプレナーシップ 〔entrepreneurship〕 あんとれぷれなーしっぷ

　スタートアップ（起業活動）の担い手であるアントレプレナー（**企業家**, 起業家）の重要な特性を表すものである。この用語がわが国に導入された時, 静態的に「企業家精神」と訳されたことから, 当初は精神的特性を表すものとされたが, やがて行動特性や能力特性も含むものと捉えられるようになった。しかし, 動態的に起業活動のプロセスに関わるものとして捉えると, ビジネスを成功させるために使用可能な経営資源を用いて事業機会を発見することであり, それを認識するプロセスだともいえる。　　　　　　　　　　　　　　　　　　　　　　　　　　（大月博司）

ESG 〔environment, social, governance〕 いーえすじー

　環境（environment）, 社会（social）, ガバナンス（governance）の頭文字。環境問題, ダイバーシティー, 取締役会の構成など, ESG に配慮した模範的な経営を行う企業は, 事業の健全性や持続性が保たれるだけでなく優れた財務成果を果たすという期待により, 投資先選定指標の 1 つとされる。また, 企業は収益だけでなく社会的責任にも応えるべきとの考えから, 資本主義の理念に即しつつ国連の SDGs（持続可能な開発目標）の達成寄与にもつながるとされ, 社会理念や倫理の観点からも ESG 経営が支持される。ESG 投資は, 長期に大きな資産を運用する機関投資家の注目を集めることが多い。　　　　　　　　　　　　　　（宮元万菜美）

移転価格 〔transfer pricing〕 いてんかかく

　多国籍企業において, 国内本社と海外子会社との間での取引価格を移転価格という。この移転価格と独立企業間取引価格（グループ外企業との取引価格）に価格差がある場合に問題が生じる。例えば, 国内本社から海外子会社に製品販売する際, 独立企業間取引価格よりも, 価格を抑えて販売するケースを想定してみよう。このケースでは, 独立企業間取引価格に比して, 日本本社の利益が低いゆえ, 差し詰め, 海外への日本からの利益移転となる。国によっては, グループ内取引にもかかわらず, 独立企業間取引価格で処理し, 二重課税される。それは,「グループ内取引は, グループ外企業と同取引を行った場合と同基準の価格であるべき」という考えに基づく。このように取引が国境を越える場合, 看過してはならないのは, 各国の税金制度が異なるため, 移転価格の設定によっては, 経営を圧迫する可能性があるということである。現代におけ

る喫緊のグローバル課題として，キャピタル・フライト（資本逃避）と並び，この移転価格が急速に台頭してきている。　　　　　　　　　　（大驛潤）

意図した戦略　〔intended strategy〕　いとしたせんりゃく

　将来に向けてとるべき行動の指針や方針で，行動に先立って策定される戦略のこと。具体的には，企業の中長期的な事業計画など，将来を見据えたプランを示し，実現した戦略の要素の1つである。ミンツバーグ（Mintzberg, H.）らによると，過去の行動から見たパターンとしての**創発的戦略**と対峙する概念である。意図した戦略は，計画以外の要件を盛り込めないことが欠点である。　　　　　　　　　　　　　　　　（谷藤真琴）

イノベーション　〔innovation〕　いのべーしょん

　シュンペーター（Schumpeter, J.A.）によれば経済を構成する要素の新結合のことであり，経済成長の起因とみなされた。その具体例は，新製品の開発，新生産方法の導入，新市場の開拓，新材料の獲得，新組織の採用などである。しかし，わが国でこの用語が紹介された時に「技術革新」という翻訳がなされたため，長い間，イノベーションとは技術レベルの革新的な発明や発見のことだと理解されてきた。だが今日ではより広義に，新たな価値創造につながるものであり，経済／経営活動全般に関わる用語として理解されている。　　　　　　　　　　　　（大月博司）

イノベーターのジレンマ　〔innovator's dilemma〕　いのべーたーのじれんま

　イノベーションを進めることで，関連する生産システムや製品市場の進展などを破壊することがあること。イノベーションに内在する変革力は，ブレークスルーとして技術的飛躍をもたらすこともあれば，全く別次元の技術やビジネスの方向に導くこともある。特に後者は，持続的に性能を向上させている既存技術の製品**アーキテクチャー**を共有するような新しい技術が市場の評価を得た場合，それがゲームチェンジャーとなり，既存の競争条件を変更してしまうことを指している。これにより先行する既存技術を持続させてきた仕組みが途絶することがある。

　　　　　　　　　　　　　　　　　　　　　　　　　　　（石田修一）

イメージ戦略　〔image strategy〕　いめーじせんりゃく

　狭義では，**ブランド戦略**（brand strategy）の別称であり，広義では，ブ

ランドに限らず，企業そのもののイメージ，あるいは，地域や個人など
のイメージを高めるための戦略のことである。この意味では，イメー
ジ・マネジメント（image management）とも呼ばれる。消費者にポジティ
ブなイメージを持ってもらい，そのイメージに独自の価値を感じてもら
う活動である。しかしイメージ戦略という場合は，ブランド戦略と同様
に目的を明確にし，長期的に計画を立て，消費者の感性に訴え，関係者
を巻き込んで遂行することが重要となる。
　　　　　　　　　　　　　　　　　　　　　　　　　　　　（増田靖）

エージェンシー理論 〔agency theory〕 えーじぇんしーりろん

　プリンシパル（委託者）とエージェント（代理人）間の諸問題を分析す
る理論。プリンシパルは自らの目的を達成するためエージェントに仕事
を委託する（エージェンシー関係）。ただし，別人である両者の目的や利
害は異なる。また，高い成果を期待して知識・経験・スキルを持つプロ
フェッショナルに委託するので，通常プリンシパルが情報劣位，エー
ジェントが情報優位の関係にあり，両者間には**情報の非対称性**が存在す
る。これらの状況は，エージェントの**機会主義的行動**や**モラルハザード**の
可能性を高める。そこでプリンシパルは，エージェントの行動が自らの
目的に沿うかをモニターしたり，業績連動報酬で利害不一致の問題を緩
和するなど，エージェントの行動をコントロールする必要がある。
　　　　　　　　　　　　　　　　　　　　　　　　　　　　（青木英孝）

SCP 〔structure-conduct-performance〕 えすしーぴー

　産業組織論（industrial organization theory）の分析枠組みであり，産業構
造（structure）→市場行動（conduct）→企業成果（performance）」という流
れで各要素に関係があるとする捉え方の頭文字をとった略称である。
ポーター（Porter, M.E.）はこれをベースに競争構造（**ファイブ・フォース**：
買い手，売り手，新規参入，代替品，競争相手の5つの要因）の分析枠組みを
開発するなど，競争戦略論や競争優位戦略論の基盤とみなされた。
　　　　　　　　　　　　　　　　　　　　　　　　　　　　（大月博司）

SBU 〔strategic business unit〕 えすびーゆー

　事業部制組織の弊害をなくすために考案された「戦略的事業単位」を
指す。その起源は，GE（General Electric）社が事業部制組織の問題を是
正するために，この組織編成を採用したことにある。事業部制組織では

戦略的意思決定権限を本社がすべて持つのに対して，SBU は，自身で戦略的意思決定の一端を担えるという特徴を備えている。SBU の組織構成も，様々な部署のメンバーから成り，各事業部の戦略的な調整を図り，直面する市場に対して柔軟な戦略の実行を可能にしていることから，成果に直結させることができる。

（岸眞理子）

M&A戦略 〔mergers & acquisitions strategy〕 えむあんどえーせんりゃく

Mergers（合併）や Acquisitions（買収）を活用して成長や事業再編を達成する**企業戦略**。合併は複数の会社が1つになる取引で，吸収合併（1社が他社を吸収）と新設合併（すべての会社が消滅し新会社に承継）がある。買収は事業や株式を取得する取引である。狭義には経営権の移転を伴うが，広義には経営権の移転を伴わない資本提携や業務提携も含む。買い手の目的は，市場シェアや事業規模の拡大，新規事業への進出，人材や技術の獲得等であり，早期に目的を達成できるため時間を買う戦略とも呼ばれる。売り手の目的は，後継者不足問題への対処や事業承継，イグジットによる創業者利得の獲得，事業の選択と集中，企業再生等である。M&A 後，**組織文化**，従業員意識，社内制度，業務の進め方等を融合し（Post Merger Integration：PMI），シナジーを実現できるかが成否の鍵とされる。

（青木英孝）

OEM 〔original equipment manufacturing〕 おーいーえむ

委託を受けた企業が製品の生産を担い，その完成品を委託側の企業が自社ブランドとして販売することを指し，提携の一種とされる。委託側の企業は，生産にかかる設備投資や人件費を削減できる一方，受託側の企業は，内部に製品開発機能を保持する必要がない。また，受託側の企業は，自社の販売力が弱くても，委託側の企業が知名度の高いブランドや多くの販路を保有していれば，量産する機会を得られる。受託側の企業が製品設計も行う場合を **ODM** と呼ぶこともある。

（大沼沙樹）

ODM 〔original design manufacturing〕 おーでぃーえむ

発注先の企業が，委託者のブランドで部品や製品を企画・設計・製品開発・生産することを指す。携帯電話業界やパソコン業界において，台湾や中国の企業が発注先の企業として活動する例が多く見られる。多くの場合，最終製品メーカーである委託者が，ある部品の企画・設計・製

あ

品開発・生産機能を**アウトソーシング**する形態であり，開発・生産コストを節約することができる。生産だけをアウトソーシングする **OEM** をさらに推し進めた委託生産だといえる。　　　　　　　　　　　　　　　（久保亮一）

オーディナリー・ケイパビリティ〔ordinary capability〕
おーでぃなりー・けいぱびりてぃ

　ケイパビリティとは，ある業務や活動を実施するために資源を利用する能力をいう。企業がある資源に基づいて利益最大化行動を続けると，その行動を繰り返すようにルーティン，ルールやパターンが形成されてくる。このようなルーティンやルールを形成する能力をオーディナリー・ケイパビリティ（通常能力）と呼ぶ。企業の持つ技能的適合力を高める能力のことであり，**ダイナミック・ケイパビリティ**によって再構成されるという意味で，より低次の「対象ケイパビリティ」と呼ばれる。

　　　　　　　　　　　　　　　　　　　　　　　　　　　　　（小林満男）

オープン・イノベーション〔open innovation〕　おーぷん・いのべーしょん

　チェスブロウ（Chesbrough, H.）により 2003 年に提唱された，**イノベーション**を継続的に創出するための概念である。意味は「企業内部と外部（他者）のアイデアを有機的に結合させ，価値を創造すること」である。対置されるのは，既存のイノベーションの方法として一組織内で投資・開発・販売を完結させるクローズド・イノベーションである。クローズドからオープンへの変化は，イノベーションのパラダイムシフトであり，新しい知識や技術を他者とシェアすることで研究開発費削減や自社の能力を超えたイノベーションが期待できる。しかし技術の情報漏洩や開発力の低下の**リスク**もある。

　　　　　　　　　　　　　　　　　　　　　　　　　　　　　（粟屋仁美）

価格感度〔price sensitivity〕　かかくかんど

　価格感度とは消費者が製品やサービスの価格変動に対して示す反応である。「価格感度が高い」とはその消費者の購買行動が価格変動に敏感に反応するというケースであり，逆に「価格感度が低い」とはその消費者の購買行動が価格変動に対して鈍感であり大きな変化が起きないケースである。消費者の価格に対する知覚（こだわり）は**マーケティング戦略**策定において特に重要な項目であり，購買行動に強く影響する消費者意識である。消費者の価格に対するこだわりはコスト意識，品質判断基

準，価格が有する意味（プレステージ感・買い得感），消費者自身の経験による判断，購買環境における参照価格などに影響を受ける。価格感度を利用した価格決定手法には PSM 分析（price sensitivity measurement）がある。また価格変動による需要の変化度合いを調べる手法には価格弾力性分析がある。

（五味一成）

学習曲線 〔learning curve〕 がくしゅうきょくせん

　学習効果（learning effect）とは，「累積生産量が増大するにつれて単位生産量当たりの直接労働投入量が減少する」という関係のことであり，学習曲線はこの関係をグラフで示したものである。縦軸に直接労働投入量を，横軸に累積生産量をとると，学習曲線は右下がりで原点に対して凸の曲線となる。学習効果は，労働者のタスク習熟度の向上や生産設備の能率向上によって生じると考えられる。学習効果の程度は製品や産業・業界によって異なり，一律ではない。

　学習効果と類似した概念として経験効果がある。経験効果（experience effect）は「累積生産量が増大するにつれて単位生産量当たりの総コストが減少する」という関係のことであり，**経験曲線**はこの関係をグラフで示したものである。学習効果が直接労働投入量に限定したものであるのに対し，経験効果はその他の幅広い費用も対象としている点に違いがある。

（真木圭亮）

隔離メカニズム 〔isolating mechanisms〕 かくりめかにずむ

　隔離メカニズムは，ルメルト（Rumelt, R.P.）によって示されたもので，資源ベース・モデルにおいて企業がなぜ**競争優位**を持続できるのかを説明する概念である。隔離メカニズムとは，他社による資源や能力の開発で自社の競争優位が複製されたり，侵食されたりすることを妨げるメカニズムを指す。隔離メカニズムに資する要因には様々なものがあるが，中心にあるのは次の3つである。①独自の歴史的条件：競争優位を支える資源や能力の獲得に固有の歴史的要因が関わっている。②因果関係の曖昧性：資源や能力が不明瞭で不完全にしか理解できず，競争優位との関連性がよくわからない。③社会的複雑性：従業員間のつながり，サプライヤーや顧客とのつながりなど，資源や能力が社会的に複雑なプロセスに根差している。

（坂野友昭）

囲い込み戦略 〔enclosure strategy〕 かこいこみせんりゃく

　自社の製品・サービスの品質・機能を高めたり，価格・条件を適切にしたりすることで既存の顧客を逃さず，流出を防ごうとする戦略である。顧客にできるだけ自社と取引をしてもらい，自社のみから購入してもらうように，何度も利用する顧客に対して優遇などをすることで関係の深耕を図ったり，可能な限り顧客の1人ひとりの状況を踏まえながらマーケティング活動を展開することを指す。特にこの戦略で注目を集めたのは，Microsoft のパソコン用の OS である Windows シリーズであり，同社はこの製品で独特なポジションを確立し，圧倒的なシェアを獲得している。ただ，現代のようなネットワーク経済性が働く社会においては，このような一社単独で顧客を囲い込むことのコストが高くなることも指摘されている。 (森俊也)

価値共創 〔co-creation of Value〕 かちきょうそう

　プラハラード（Prahalad, C.K.）とラマスワミ（Ramaswamy, V.）が2004年に提唱した概念であり，これまでの企業中心の価値創造から，今後は企業と顧客が一体となって**イノベーション**を具現化することによる価値の共創が企業**競争優位**の源泉となると示唆した。具体的には，企業が消費者等の利害関係者との双方向性に基づくコミュニティやコンソーシアム（共同事業体）を構築し，連携性を保持することによって価値共創を実現するものである価値共創を可能とする背景として，消費者の情報入手可能性の拡大，グローバリゼーション，ネットワーキング，製品の試用，消費者の積極性の向上があげられる。医療分野における企業，医師，医療施設とサービス，患者とのネットワークによって構築される新たな価値創造プロセスが一例である。 (吉村孝司)

価値相関図 〔value net〕 かちそうかんず

　ビジネスがゼロサムゲームではなく，自社の成功が必ずしも他社の負けを意味しない時，ゲーム理論に立脚するネイルバフ（Nalebuff, B.J.）とブランデンバーガー（Brandenburger, A.M.）による価値相関図は，プレーヤーの役割や相互依存関係を示すことができる。これにより企業は，競争と同時に協調し合う関係性（co-opetition）を理解し，ゲームの構成要素（PARTS）を変化させるような戦略的行動をとる。交渉圧力のみに着目するポーター（Porter, M.E.）の**ファイブ・フォース・モデル**と異なり，価

値相関図は垂直方向で事業の流れと，創造された価値を交渉力によって
配分する競争関係を表し，水平方向で価値のパイを拡大する際の協調行
動と，価値の配分をめぐり競争するプレーヤーの関係を表す。

（宮元万菜美）

株主価値 〔shareholder value〕　かぶぬしかち

　株主に帰属する価値であり，発行済み株式数のすべてを入手した際に
得られる価値のことである。企業価値から資本コストである負債価値
（有利子負債などの借入金）を差し引くことで求められる。企業価値は，
企業が将来にわたり創出する**キャッシュフロー**の現在価値であり，事業
活動による事業資産価値と非事業資産価値（預貯金，投資有価証券，遊休
資産など）から構成される。**グローバル**化による外国人株主の増加に伴う
株主への利益還元の高まりから，株主価値を重視する経営がなされるよ
うになったが，リーマンショック以降はステークホルダーにも配慮した
経営が，日本企業に求められるようになってきている。　　　（牛丸元）

管理戦略 〔management strategy〕　かんりせんりゃく

　管理戦略とは**企業戦略**で策定された諸目標を限られた経営資源（ヒト・
モノ・カネ・情報）を使って効率よく達成するための管理レベルでの戦略
を意味する。具体的には人的資源管理戦略や財務管理戦略などがある。
例えば，ある企業における人的資源戦略は当該企業の人的資源に関する
将来の方向性や方針を主として考えるのに対して，人的資源管理戦略は
その方向性や方針を実現するために戦略的かつより具体的に考えること
になる。近年，マーケティング領域では顧客と企業の双方にとって新た
な価値を創出するような顧客体験を具体的に考える顧客体験価値管理戦
略（customer management strategy）も重要になってきている。（円城寺敬浩）

関連多角化 〔related diversification〕　かんれんたかくか

　自社の既存事業と関連性の高い事業へ進出，参入することをいう。関
連性には，既存の対象市場と似た市場に進出する「市場（顧客）」の関連
性や，既存の生産技術などに共通点がある，応用できる技術があるとい
う「技術」の関連性，チャネルや経営資源，能力，ノウハウ，人のつな
がりの関連性がある。これらの関連性や共通性には，シナジーやコスト
削減といった利点がある。一方，これら関連性のない多角化を「非関連

多角化」という。ルメルト（Rumelt, R.P.）は**垂直統合**の度合いによって，垂直統合型，水平型などに分類し，バーニー（Barney, J.B.）は同一業界に複数の事業を展開する「限定的多角化」をあげた。　　　　　　（佐藤敏久）

機会主義的行動〔opportunistic behavior〕きかいしゅぎてきこうどう

取引費用経済学の主唱者であるウィリアムソン（Williamson, O.E.）によれば，機会主義とは「邪心を伴った自己利益の追求」であるという。これは経済学の効用最大化という伝統的な行動仮定を，悪賢い方法で自己利益を追求する戦略的な行動まで含めるように拡張したものである。機会主義を仮定すると，取引相手が自己利益のために情報を秘匿したり，約束を反故にしたりする可能性が生じる。それゆえ，取引費用経済学では市場取引において取引相手の機会主義を抑制するために，契約の条項を詳細化する，契約後に取引相手を監視するなどの措置が必要になると想定する。とりわけ，機会主義は取引特殊的資産の市場取引において深刻な取引費用をもたらす。　　　　　　　　　　　　　　（加納拡和）

企業家〔entrepreneur〕きぎょうか

企業家という用語は，1755 年に刊行されたカンティロン（Cantillon, R.）の著書において初めて登場した。それ以降，多種多様な企業家の定義が示されてきた。一説によれば，企業家という用語は経済学の歴史において少なくとも 12 種類の意味で用いられてきたという。クレイン（Klein, P.G.）は多様で錯綜した企業家の捉え方を，①自営業などの特定の職業，②創業間もない企業や小規模企業の創業者，経営者，③新結合の遂行や**不確実性**の負担，事業機会への敏捷性などの特定の経済機能を発揮する主体の 3 つに分類することができると論じている。　（加納拡和）

企業成長〔corporate growth〕きぎょうせいちょう

企業成長とは量的成長および質的成長に大別できる。量的成長は，売上高，生産量や販売量の増加といった組織規模の拡大と見ることができる。一方，質的成長は，企業のノウハウ，新製品を創り出す**イノベーション**など，いわゆる無形の経営資源の蓄積として理解できる。組織規模の拡大に伴い，企業は習熟効果によって累積生産量の増加に応じて生産費用が持続的に低下するという**規模の経済**というメリットを獲得し，市場における影響力を高めることができる。しかし，その事業の成功は

競合企業の参入をもたらすので競争も激化する。そこで，企業はその成長志向を量的な拡大から質的成長へと転換することとなる。すなわち，競合との**差別化**や，新技術による異なる市場への多角化を通じた質的成長によって，企業はさらなる成長を実現しようとする。　　　　　　　（黄雅雯）

企業戦略 〔corporate strategy〕 きぎょうせんりゃく

　企業のあり方の枠組みは，いかなる理念を追求し，どのような企業目的を目指すか，どのような活動分野で活躍しようとするのか，どのような得意技術を持ち，どのような活動を展開しようとするのか，などで定められる。こうした経営理念，企業目的，企業**ドメイン**（活動分野），得意技術，活動内容の大枠を定めるのが企業戦略である。それは，企業の全体像を定めるものであり**全社戦略**とも呼ばれるが，ハメル（Hamel, G.）とプラハラード（Prahalad, C.K.）が提唱する「戦略的**アーキテクチャー**」（strategic architecture）概念にもつながるものであり，自社の中核的強み（**コア・コンピタンス**）を明確化した上で，その強みを将来に向けて活かしていくための戦略設計図を示すものである。　　　　　　　（廣田俊郎）

希少性 〔rarity〕 きしょうせい

　バーニー（Barney, J.B.）が提唱する**リソース・ベースト・ビュー**のコアとなるのは VRIO フレームワークであり，企業内部の経営資源のうち，**競争優位**を構築する上で，どのような特性を有する資源が有効かを分析する視点として，**経済的価値**（value），希少性（rarity），**模倣困難性**（inimitability），組織（organization）の 4 つがある。この頭文字をとって VRIO と呼ばれている。希少性とは，多くの企業が保有していない希少な資源であり，競争優位確保につながる可能性を持つ。ただし，模倣が容易であれば短期的な競争優位に終わり，持続的競争優位にはつながらない。そのため，模倣障壁が高い企業独自の知的財産や，それに基づくサービス・商品等の希少性追求も競争優位確保の基本となる。

　　　　　　　（岡田行正）

機能別戦略 〔functional strategy〕 きのうべつせんりゃく

　企業内で異なる役割を果たす各活動（職能，function）の戦略である。メーカーであれば研究開発や製造，販売等の主活動と，それを支える人事や財務，総務，広報等の支援活動があり，その各活動の戦略である。

機能別戦略には，①全社的なものと②事業内のものがある。①全社的な機能別戦略は，その機能が複数事業に関わる活動の戦略である。例えば，全社的な研究開発や，人事，財務等の戦略を指す。②事業内での機能別戦略は，企業全体に関わる**全社戦略**あるいは**企業戦略**，個別事業に関わる**事業戦略**あるいは競争戦略（competitive strategy）の下位に位置づけられる。例えば，事業内での購買や生産，マーケティング・販売，物流等の戦略である。

（三浦紗綾子）

規模の経済 〔economies of scale〕 きぼのけいざい

　製品の生産量が増えるほど製品1単位当たりの長期の平均総費用が下がるという経済的効果のことをいう。生産水準が上昇することで，労働者間での分業が可能になることにより生じる。総費用は固定費（土地や機械・設備等）と変動費（原材料費や光熱費等）から構成される。平均総費用は総費用を生産量で除したものである。一般的には，生産設備等が一定の状況では，生産量が増加するほど平均総費用は減少するといった規模の経済が見られる。しかし，生産量の増加に伴い生産設備を増強したり，人員増加により組織が肥大化すると調整費用が増加し，長期的平均費用は増加するといった規模の不経済が生じる。

（牛丸元）

逆選択 〔adverse selection〕 ぎゃくせんたく

　取引において，一方の当事者（例えば，製品やサービスの買い手または売り手）が，その製品やサービスの品質に関して，相手より少ない情報しか持っていないことがある。逆選択の状況は，当事者間でなされ得る合意において，各者が事前に持つ情報が非対称であり，かつ一方の当事者によって情報が隠されている場合に発生する。

　中古車市場が好例である。まず，中古車には高品質と低品質の2種類があると仮定する。次に，売り手はある中古車が高品質か低品質かを知っているが，買い手は知らないとする。その場合，買い手はこの中古車に対し，良し悪しを知らないまま，どの程度の価値があるかを検討しなければならない。買い手は，万が一この中古車が低品質であったならば，購入に当たって高い金額を支払いたくはない。結果として，高品質の中古車は市場から追い出されてしまう。このプロセスが続くと，中古車市場は，最低品質の車だけがそれに見合った低価格で販売されている状態に行き着く。

　こうした逆選択の問題は，情報のない側がより多くの情報を得ることで克服・軽減することができる。例えば，売り手は，高品質な中古車のみを販売しているという評判を作ることで，買い手に対して購入する製品への信頼感を与えたり，中古車の品質を示すために手厚い保証などを提供することができる。一方で買い手は，自身の持つ中古車に関する知識を増やそうと努めたり，専門家によるアドバイスを求めることで逆選択の問題を回避することができる。　　　　　　　　　　　　（伊藤龍史）

キャッシュフロー〔cash flow〕　きゃっしゅふろー

　一定期間におけるキャッシュの流出入のこと。「キャッシュ」には，現金（手許現金および要求払預金）だけでなく，現金同等物（容易に換金可能であり，かつ，価値の変動について僅少なリスクしか負わない短期投資）を含むことが支配的である。流入は「キャッシュインフロー」，流出は「キャッシュアウトフロー」，その差額は「ネットキャッシュフロー」と呼ぶ。損益計算書の売上高や費用は，現金の出入りを意味しているわけではないため，損益計算書の売上高や利益とキャッシュフローは一致しない。そのため，損益計算書では黒字であるにもかかわらず，現金が枯渇し，いわゆる黒字倒産が起こることもある。　　　　　　　　（渡辺周）

業界の構造分析〔industry structure analysis〕　ぎょうかいのこうぞうぶんせき

　特定の業界について戦略的な脅威と機会を分析し，業界に属する企業の収益可能性ととるべき行動を見出す作業である。業界構造（structure）が企業行動（conduct）に影響を与え，企業行動が企業や社会のパフォーマンス（performance）を決定するというSCPモデルに基づく。代表的なフレームワークとして，ポーター（Porter, M.E.）の「ファイブ・フォース分析」がある。これは①新規参入企業，②競合企業，③代替品，④買い手（顧客），⑤売り手（供給業者）による脅威が業界の魅力度，すなわち利益水準を低下させるという枠組みである。　　　　　（佐々木博之）

共進化〔co-evolution〕　きょうしんか

　元々は生物学において，複数の生物が共生や寄生，または捕食や生存競争などの関係によって，相互に影響しながら進化していくことをいう。経営学においては，敵対する企業同士の競争関係を説明する理論で，組織生態学と組織学習論をベースとしたレッドクイーン理論から説

明される。組織は存続のために競合企業よりも環境に適合しようとし，競合企業よりも適合した組織ルーティンを開発しようと組織学習を行う。これが競合企業間で相互に繰り返されることにより，高いレベルで環境適応が達成され，最終的には競合企業の両者が生き残る共進化が生じるのである。　　　　　　　　　　　　　　　　　　　　　　　　（四本雅人）

競争均衡〔competitive parity〕 **きょうそうきんこう**

　企業の競争における状態の1つであり，当該企業と同様の行動をとっている競合企業が同一産業内に複数存在し，それらの企業が同程度の僅少の**経済的価値**を生み出している状態のこと。なお，同じ訳語が一般的に与えられる competitive equilibrium は，完全競争下において財の消費者と生産者が自身の効用が最大になるように行動した結果，財の需給が一致した財の価格と量を指す均衡概念を意味し，本項目とは異なる。

　　　　　　　　　　　　　　　　　　　　　　　　　　　（山野井順一）

競争優位〔competitive advantage〕 **きょうそうゆうい**

　同一産業のライバル企業と競争する際に，他社よりも優れた何らかの状態を指す。他社に対して競争優位を持つことができれば，その企業は業界平均以上の利益をあげることができる。競争優位の源泉は，企業の内部要因と外部要因から考えることができる。内部要因でいうと，企業が競争するに当たって重要なポイントで，保有する資源や能力が他社よりも優れていれば，競争優位を獲得することができる。一方，外部要因からは，業界内で他社よりも魅力的なポジションに自社を位置づけることによって，競争優位を獲得することが可能である。2つの要因を補完的に利用しながら，顧客に価値をもたらす戦略を策定することが重要になる。　　　　　　　　　　　　　　　　　　　　　　　（久保亮一）

競争劣位〔competitive disadvantage〕 **きょうそうれつい**

　企業の競争における状態の1つであり，当該企業が，同一産業内の競合企業と同じ行動をとれず，それらの競合企業が生み出す平均的な**経済的価値**よりも小さい経済的価値しか生み出せていない状態のこと。

　　　　　　　　　　　　　　　　　　　　　　　　　　　（山野井順一）

協調戦略 〔cooperative strategy〕 きょうちょうせんりゃく

　複数の主体が製品やサービスの開発，製造，販売において協力する方法である。協調戦略には「**戦略的提携**」と「コーペティション（co-opetition）」，「協調的**全社戦略**（cooperative corporate strategy）」が含まれる。戦略的提携は 2 社以上の独立した企業による協力であり，形態として資本提携と業務提携，ジョイント・ベンチャー（合弁会社）の 3 つがある。コーペティションは補完者と呼ばれる競合企業との協力である。協調的全社戦略は社内の関連する事業部間での協力である。　　　　　　（佐々木博之）

クラスター 〔cluster〕 くらすたー

　ある特定の分野において，相互に関連した企業群および諸機関から成る地理的に近接した集団である。**イノベーション**の創出機能を組み込んでいる点で，産業集積と明確に区別される。ポーター（Porter, M.E.）は**クラスター**の**競争優位**を規定する 4 つの要因を提示した。①要素（投入資源）条件：経営資源を獲得するために有利な条件が揃っているか。②**企業戦略**と競争の環境：クラスター内の適度な企業間競争と地域の経済政策が存在するか。③関連・支援組織：最終製品・サービスの生産を支える供給業者や関連企業の競争力を備えているか。④需要条件：クラスターの内部もしくは近隣に十分な知識と経験を持った消費者が存在するか。　　　　　　　　　　　　　　　　　　　　　　　　　　（古田成志）

グローバル化 〔globalization〕 ぐろーばるか

　グローバル化とは，国や地域などの地理的な境界や枠組みを超えて，地球規模で社会的・経済的な結びつきが深まることを意味している。企業経営の観点から捉えると，1980 年代に入り，**多国籍企業**の戦略展開が世界市場を対象に繰り広げられるにつれて，グローバルという言葉が用いられるようになった。企業のグローバル経営における課題の 1 つは，経営の現地化の進展に伴い発生する。つまり，本国親会社による企業全体としての整合的な戦略展開と，海外子会社の独自の戦略展開との調整が課題となる。　　　　　　　　　　　　　　　　　　　　　　　　（星和樹）

グローバル人材 〔global human resources〕 ぐろーばるじんざい

　グローバル人材とは国籍を問わず，どの国においても自らの能力を発揮し，十分な成果を生み出すことができる，語学力，行動力，そして異

文化適応能力に長けた人材を意味する。経済や社会のグローバリゼーションの潮流の中で出現する諸課題の解決と新たな価値創造において，企業のような経済事業組織のみならず，ボランティア組織のような非経済事業組織にとっても，グローバル人材の必要性や重要性がますます高まってきている。グローバル人材に関する専らの課題はこのような人材をどのように育成していくかにあり，企業をはじめ，様々なグローバル人材育成プログラムが展開されている。

　　　　　　　　　　　　　　　　　　　　　　　　（円城寺敬浩）

グローバルスタンダード 〔global standard〕 ぐろーばるすたんだーど

　世界基準ともいい，世界的規模で通用する基準や規格，ルールを指す。現在では，主として「デジュールスタンダード（de jure standard）」と「**デファクトスタンダード**」に区分される。前者は，ISO（国際標準化機構）やIASB（国際会計基準審議会）などの国際機関で定められ，国際的な拘束力を持つ。一方，後者は市場競争の「結果として事実上標準化された基準」であり，パソコンOSやかつての家庭用VTRなど，その時点での世界市場において広く採用されている規格や技術などを意味する。そのため，一旦スタンダードとなれば市場参加者は従わざるを得ないが，より良い標準が生まれると，従来の標準に取って代わることも起こり得る。

　　　　　　　　　　　　　　　　　　　　　　　　（岡田行正）

計画的戦略 〔deliberate strategy〕 けいかくてきせんりゃく

　ミンツバーグ（Mintzberg, H.）は，戦略には当事者が事前に意図した計画という側面と試行錯誤や学習のプロセスを通じて現れてくるパターンという側面とがあると指摘する。前者には「意図された計画」と「計画的戦略」があり，後者には「**創発的戦略**」がある。「計画的戦略」とは実行に先立つ計画としての「**意図した戦略**」を完璧に実現することを意図する戦略のことである。完全に計画的で全く学習のない戦略もなければ，反対に完全に創発的でコントロールのない戦略もない。戦略は計画的に策定されると同時に創発的に形成されなければならない。

　　　　　　　　　　　　　　　　　　　　　　　　（野村千佳子）

経験曲線 〔experience curve〕 けいけんきょくせん

　「経験を積み重ねていくことにより，総付加価値コストは実質ベースで低減していく」という経験効果（experience effect）の現象をBCGが計

量的に計測し，グラフ化したもの。総付加価値コストとは，外部から購入する部品を除いたすべてのコストを指し，人件費や製造間接費，広告費，販売費及び一般管理費などが含まれる。1つの製品の累積生産量が2倍になると，総コストが20〜30％ほど低下することが実証研究で明らかになっている。経験曲線は累積経験量をベースとした動態的効果であり，ある一時点における静態的効果である**規模の経済**とは似ているものの異なっている。

（古田駿輔）

経済的価値 〔economic value〕 けいざいてきかち

経済的価値とは，人や組織にとっての有用性の度合いであり，例えば，効率，速度，信頼性，使いやすさ，柔軟性，ステータス，美的魅力，感情，コスト，等々と関連する。これらは主観的であるがゆえに正確に測定するのは困難であるが，客観的には金銭や数値に置き換えて示される。その基本的な指標としてモノやサービスの価格があり，それ以外にも，国内総生産，株価や株式時価総額，企業の売上高や利益，個人の消費額や貯蓄額，等々をはじめ多くの指標がある。経済的価値の拡大は，富の増大をもたらしたが，環境や社会の問題をないがしろにしているとの批判もあり，**社会的価値**との両立が求められている。

（文智彦）

ケイパビリティ 〔capability〕 けいぱびりてぃ

企業の成長・発展の原動力となる組織的な強みや能力を意味する。成長を実現するには自社の能力を高めることが必須である。そして他社との差別化を図り持続的に競争優位を確保する戦略を策定するには，その実施を可能にするための能力を把握しておく必要がある。要するに，企業や組織が持つ，全体的な**組織能力**または，組織が得意とする組織能力のことであり，具体的には設計力，生産力，資金力，マネジメント力など多様である。

（大月博司）

系列化 〔interlocking of enterprise／distributive integration〕 けいれつか

企業相互間で通常の取引関係以上のつながりができることであり，資本参加，融資または生産，流通面での相互依存などにより結ばれる。その多くは製造業者の主導によって行われ，家電メーカーや化粧品メーカーによる流通系列化がよく知られている。系列化により，メーカーにとっては流通経路を押さえることができ，販売管理やブランド管理がし

やすくなるが，その一方で店頭では単一のメーカーの品揃えしかでき
ず，価格設定の自由度も制限されるといった欠点があり，比較購買志向
や低価格志向を強める消費者ニーズとのギャップも大きくなる。近年で
は量販店の販売シェアが高まる中で系列化の効果は弱まる傾向にある。

（合澤浩之）

経路依存性 〔path dependence〕 けいろいぞんせい

　かつては機能していた仕組みや制度が，時代や環境の変化でうまく機
能しなくなっていても，当時の成立経緯や成功体験に縛られて，新たな
行動や制度が導入できずにいる現象をいう。例えば，タイプライターが
使われていた時代に，早打ちでキーが壊れてしまうことを避けるために
わざと打ちにくいキー配列にしたのだが，それが現在のパソコンのキー
ボード配列に引き継がれている。経営学やビジネスの世界では，かつて
の日本的経営からなかなか脱却できない日本企業の組織制度に対して，
批判的な文脈で使われることが多い。

（四本雅人）

研究開発戦略 〔research and development strategy〕 けんきゅうかいはつせんりゃく

　経営戦略のサブシステムの１つで，研究開発（R&D）に特化した戦略
のこと。研究開発の取り組みは**不確実性**が高いため，限られた投資で最
大の成果をあげるためには綿密な将来構想が求められる。特に研究開発
戦略で意思決定しなければならない事項には，①研究開発テーマの選
定，②各テーマへの経営資源の配分，③ステージゲートなどの進捗管
理，④担当者の採用や労務管理といった人的資源管理，⑤成果指標の開
発と評価，などが含まれる。研究開発戦略と**事業戦略**との関連を明確化
し共有するためには技術ロードマップの作成が有効であり，研究開発戦
略の成果を高めるには，研究開発の前段階における創造的マネジメント
領域であるファジィフロントエンド（FFE）の活用が効果的であるとさ
れている。

（石田修一）

コア・ケイパビリティ 〔core capability〕 こあ・けいぱびりてぃ

　組織は多様な強みや能力を持っているが，その中でも中核的なものを
意味する。換言すると，これが欠けると本業を存続させることができな
くなるようなものである。これは，コア・テクノロジーと同じように，
企業内に１つだけあるわけでなく，複数あることが普通である。例え

ば，顧客価値に関連するもの，競争優位に間連するもの，行動力に間連するものなどである。類似した概念と特定化の領域を比較すると，**ケイパビリティ＞コア・ケイパビリティ＞コア・コンピタンス**となり，ケイパビリティのうち軸になるものといえる。　　　　　　　　　　　　　　（大月博司）

コア・コンピタンス〔core competence〕　こあ・こんぴたんす

　企業活動における中核となる要素で，他社に対して**競争優位**をもたらす源泉となるもの。ポーター（Porter, M.E.）に代表されるポジショニング・スクールと呼ばれる伝統的な戦略論に対して，企業における組織や人の持つ能力に注目する考え方として**リソース・ベースト・ビュー**というものがある。コア・コンピタンスはリソース・ベースト・ビューにおける競争優位構築のもととなる要素といえる。

　例えばトヨタ自動車における品質とコストの両面を支える「ジャスト・イン・タイム」システム，あるいはセブンイレブンの売れ筋・死に筋管理手法やそれを支える IT システムとフィールドカウンセラーと呼ばれる店舗のアドバイザーなどがあげられる。　　　　　　　　（内田和成）

コア人材〔core person／core-employees〕　こあじんざい

　組織に長期的な**競争優位**をもたらすことに貢献できる高度専門人材と経営人材とに大別され，企業内にある色々な知識・技術・スキルを"コア・コンピタンス"として統合し，応用し得る能力が必要とされる。コア人材は組織外からは容易には調達できず，本来は内部で開発すべき人材とされるが，日本ではコア人材の育成や選抜に苦労する企業が多い。これには人材の採用（例えば新卒定期一括採用）や区分（例えばコース別人事），昇進（例えば年次別管理や選抜のあり方），キャリア形成，教育訓練，報酬など多くの問題が背景にある。このため，企業組織をスリム化して少数精鋭のコア人材のみを中核とした人材構成にするべきという主張もある。　　　　　　　　　　　　　　　　　　　　　　　　　　（石毛昭範）

コア・リジディティ〔core rigidity〕　こあ・りじでぃてぃ

　コア・ケイパビリティと表裏一体の関係にあり，つまり，強みであるコア・ケイパビリティが企業の活動や意思決定を阻害する要因に変化することを指す。1992 年にレナードバートン（Leonard-Barton, D.）が提唱した概念である。古いコア・ケイパビリティは新しいものに変化すべきだ

が，過去の成功にこだわるといった慣性のためにコア・リジディティに変化しやすい。コア・リジディティを変えるには，ケイパビリティの4つの局面である①物理的・技術的システム：知識補完のデータベースやツールなど，②マネジメント・システム：知識獲得のインセンティブの構造，③従業員のスキルと知識，④価値観と規範，を変化させる必要があるが，後者であればあるほど変化が困難となる。　　　　　（高坂啓介）

構造的空隙 〔structural holes〕 こうぞうてきくうげき

構造的空隙とは，社会ネットワーク論においてネットワーク上のクラスタ間におけるつながり（リンクあるいは紐帯）の不在，すなわち「穴（Hole）」を示す言葉である。バート（Burt, R.S.）が提示した本概念は，グラノヴェター（Granovetter, M.）の「弱い絆（Weak Tie）の強さ」の研究を発展させたものである。構造的空隙を持つクラスタ同士は，異なる情報を持つと考えられる。こうした相手と重複のないコンタクトを形成することによって，多様な情報を獲得したり，情報を統制したりすることが可能となり，様々な利益を得ることができる。これを企業として考えた場合は，**競争優位**のためのネットワーク戦略をどのように構築するかという課題となる。　　　　　（中西晶）

コーポレート・アイデンティティ戦略 〔corporate identity（CI）strategy〕
こーぽれーと・あいでんてぃてぃせんりゃく

一般にコーポレート・アイデンティティは，企業が追求する価値を内部で共有し，外部に向けて表現するものとして理解される。コーポレート・アイデンティティの捉え方には，どのようなアプローチをとるかによって多少の相違が見られる。初期のコーポレート・アイデンティティは，社名やロゴなどといったシンボリックな役割を持つものとして位置づけられていたが，近年では企業内外の統合的コミュニケーション戦略の担い手として，そして組織メンバーの行動に根差した独自の特徴や文化を指すものとして捉えるのが主流になってきている。　　　　　（金倫廷）

顧客価値 〔customer value〕 こきゃくかち

顧客が購買前，購買，所有，使用，廃棄・譲渡という消費プロセスの各時点，あるいは全体において得られる価値（ベネフィット）をいう。これは，機能的価値，情緒的価値，自己表現的価値，文脈的価値，使用

価値，経験・体験価値を含む。また，企業視点では，総顧客価値－総顧客コスト＝純顧客価値で示される。総顧客価値は製品価値（製品自体の機能・信頼性等），サービス価値（保守・メンテナンス等），従業員価値（従業員の応対），イメージ価値（ブランドイメージ）であり，総顧客コストは金銭，時間，労力，心理的コスト，純顧客価値は，その商品・サービスにどれ位の価値があるかをいう。なお，サービスでは，予想外価値，願望価値，期待価値，基本価値という考え方もある。　　　　　（佐藤敏久）

コモディティ化 〔commoditization〕 こもでぃてぃか

　企業が提供する画期的な製品やサービス，あるいは希少性のある高価値な製品でも，次第に普遍的なものとなることを意味する。例えばiPhone のようなスマートフォンの場合，発売当初は独自の品質や機能，デザインを持っていても，類似の機能や同程度の品質を備えた他社製品が発売されコモディティ化すると，その特徴が薄れ製品価値が低減するため，価格低下を避けられない。そのため企業は，毎年のごとく新モデルを投入して，価格競争を避けるようになっている。　　　　　（大月博司）

コンピテンシー・トラップ 〔competency trap〕 こんぴてんしー・とらっぷ

　マーチ（March, J.G.）は組織学習における知の拡張形態を，既存知識の深化（exploitation）と新知識の探索（exploration）とに区分した。多くの企業は，現在の強み（コンピテンシー）をより強める既存知識の深化を重視する方が当面の収益向上につながると考え，それに力点を置くあまり，新たな強みを探索するための知の探索を後回しにしがちとなる。そのため，その後の組織発展が妨げられるような事態に陥ることをコンピテンシー・トラップという。それは，今までの成功にとらわれたために陥る事態であるためサクセス・トラップともいわれる。こうした事態を避けるため，既存知の深化と新たな知の探索の双方を高めようとする「両利きの経営」（ambidexterity）の必要性が指摘されている。　（廣田俊郎）

差別化 〔differentiation〕 さべつか

　経営学者ポーター（Porter, M.E.）が提唱した3つの競争戦略のうちの1つが「差別化」である。差別化とは，単に競合他社と違う製品・サービスを作ればよいというものではなく，価格以外の領域で，**付加価値**を高める活動をいう。そのためには，以下2つが重要となる。1つは競合他

社の製品・サービスに比して，明瞭な特性（顧客が違いを認識している）が存在することである。もう１つは，高価格でも顧客が買う優位性ある市場地位（顧客にとって，その違いに価値がある）を創り出すことである。では具体的に，企業は市場において，いかなる差別化をとるべきか。いくつか考えられるべきことはあるが，差別化を構築する視点としては，①ターゲットを絞る，②差別化の「持続性」を確保する，の２つが重要となる。

(大驛潤)

残存者利益 〔なし〕 ざんぞんしゃりえき

　衰退している市場において，唯一，もしくはごく少数の存続企業となることで獲得できる利益のこと。**製品ライフサイクル**の議論によれば，衰退期には利益を確保するのが難しいため，市場からの撤退が有力な選択肢となる。しかし，他企業のほとんどが撤退すれば，市場は独占ないしは寡占になる。この際に，市場に残った企業が得られる利益が残存者利益である。多くの企業が残存者利益を狙って市場に残り続ければ過当競争が続くため，残存者利益を得るには，①あえて積極的な投資を行う，②競合を買収したり，その設備を買い取る，③競合へ OEM 供給するなどにより，競合を撤退させることが必要である。

(渡辺周)

参入コスト 〔entry cost〕 さんにゅうこすと

　参入コストとは，ある業界に新規参入しようとする企業にとって，参入を妨げるような経済的・物理的・心理的コストが存在することを意味している。参入コストが高くなる条件として，**参入障壁**の存在や，参入先の既存企業から受けると予想される反撃の強さなどが考えられる。一般的に，参入先が成熟業界であるほど，市場の成長があまり期待できず，また参入先の既存企業のシェアやブランドが確立されていることが多いので，参入コストが高くなる傾向にある。

(星和樹)

参入障壁 〔barriers to entry〕 さんにゅうしょうへき

　参入障壁とは，ある業界に新規参入する企業が克服しなければならない業界の属性。典型的には，①**規模の経済**，②製品**差別化**，③規模と無関係のコスト優位，④政府による参入規制，などがあげられる。これらは既存企業にとって有利な状況を生み出し，新規参入企業にとっては不利な状況となる。参入障壁の高さは新規**参入コスト**の高さを意味するの

で，それが低ければ新規参入しやすく，それが高ければ新規参入を妨げる。参入障壁は，構造的に生まれる場合と，業界内の既存企業によって戦略的に築かれる場合とがある。

（井上達彦）

参入阻止価格 〔limit price／entry-preventing price／entry-deterring price〕
さんにゅうそしかかく

　参入阻止価格とは，ある市場における先発企業がその**競争優位**を活用して後発企業の同一市場内への新規参入を阻止，もしくは参入後の縮小・撤退を目的として設定する戦略的価格のことである。ある市場において先発企業が高価格で高利益を維持している場合においては，他企業がその利益を目指して先発企業の価格よりも低い価格で市場に新規参入することが想定される。一方で先発企業は既に確保している高い市場シェアを背景に**規模の経済**，経験曲線効果などを活用し，新規参入企業の価格より低い価格を設定できる適応力を保持しており，新規参入企業に対し価格面から撤退等を余儀なくさせる可能性を持つ。

（五味一成）

CSV 〔creating shared value〕 しーえすぶい

　企業が本業を通じて社会的課題の解決を実現していくことであり，頭文字をとって CSV という。ハーバード大学のポーター（Porter, M.E.）とクラマー（Kramer, M.R.）は，2006 年の『ハーバード・ビジネス・レビュー』において，企業の慈善活動やコンプライアンスとしての CSR ではなく，戦略的に社会のニーズや諸問題に取り組むことにより**競争優位**を実現することができると論じた。2011 年の同誌では，この主張を発展させ，企業は**経済的価値**を創造しながらも，**社会的価値**の機会も追求するべきであると，企業の利益と公益を共に実現させていくという CSV を提唱した。換言すると，CSV とは，社会的価値の実現を通じて，企業の競争力を高める「共通価値の創造」を意味する。

（鈴村美代子）

ジェンダー戦略 〔gender strategy〕 じぇんだーせんりゃく

　ジェンダー・ダイバーシティに配慮した人材の活用を行うこと。採用や賃金などにおけるジェンダー・ギャップの是正が進められる他，指導的な立場を担う女性や政治に参加する女性の割合の低さに対し，数値目標やクオータ制を導入する国や組織もある。また，多様な人材が組織で活躍することを目指し，性別に関わらない育児休暇の取得の推進や研修

の充実，ハラスメントへの対応，柔軟な働き方の実現などが求められる。男女の枠組みにとらわれず，性自認やセクシュアリティなどを含む多様なジェンダーへの理解や制度の拡充も重要視される。昨今は SDGs や ESG 投資への注目により，ジェンダーに関する指針や数値を重要視する顧客や投資家の存在が認められることからも，この戦略のもつ意味が強まる。

（中村暁子）

事業継続計画（BCP）〔business continuity plan〕　びーしーぴー

　企業が自然災害，大火災，テロ攻撃などの緊急事態に遭遇した際，事業資産の損害を最小限にとどめ，中核となる事業の継続あるいは早期復旧を可能とするために，平常時に行うべき活動や緊急時における事業継続のための方法，手段などを取り決めておく計画を指す。計画の主な内容としては，①優先して継続・復旧すべき中核事業を特定する，②緊急時における中核事業の目標復旧時間を定めておく，③緊急時に提供できるサービスのレベルについて顧客と予め協議しておく，④事業拠点や生産設備，調達品のサプライチェーン等の代替策を用意しておく，⑤すべての従業員と事業継続の考え方を共有しておく，の5つがある。

（合澤浩之）

事業戦略〔business strategy〕　じぎょうせんりゃく

　水平的な多角化や垂直的な統合など全社的な活動領域や事業の範囲の設定あるいはそれらにおける経営資源の配分といった企業全体の基本方針を定める全社戦略（企業戦略）に対し，事業戦略は，その全社戦略の下で展開される個別の事業において目的を達成すべく競争優位を獲得するために採用される戦略のことを指す。同戦略の中心は競争戦略であり，当該組織が持つ組織能力を背景とした市場におけるコスト・リーダーシップ戦略や差別化戦略，集中戦略などが具体的な基本戦略である。

（間嶋崇）

事業創造〔business creation〕　じぎょうそうぞう

　営利，非営利を問わず，企業がこれまでになかった新しい革新的な商品やサービスを創り出すことである。現在の技術や製品，サービスの他，消費者や市場も大きく変化していくことから，新しい革新的な商品やサービスを創造することが不可欠である。そのためには，解決すべき

課題，活かせる技術やノウハウ，世の中を変革するアイデアが必要であり，それを支えるのは**アントレプレナーシップ**（企業家精神・活動）と**イノベーション**である。事業創造には，既存企業が新規事業として展開する場合や新たに起業して取り組む場合がある。それぞれに支援体制や人材獲得，資金調達などに有利な点，不利な点があるが，重要なのは，創造した事業を持続可能なものにしていくことである。　　　　　　　（孔麗）

市場リーダー 〔market leader〕 しじょうりーだー

　コトラー（Kotler, P.）が提唱した市場地位4類型の中の1つである。市場地位は市場シェアもしくは相対的市場シェアで規定され，市場リーダーは最大の市場シェアを有する企業が該当することになるが，市場シェアの数値は市場や業界の定義の仕方によって変わってくることに注意する必要がある。この市場地位によって適切な**マーケティング**戦略は異なってくる。市場リーダーの戦略定石としては，目標の代替案として総市場の規模拡大，現在の市場シェアの防衛，市場シェアの拡大があげられ，具体的な方策として，全市場をカバーすることによる製品フルライン化，**イノベーション**の推進と同質化戦略の使い分け，広範な販売チャネルの構築，積極的なプロモーションなどが指摘されている。

　　　　　　　　　　　　　　　　　　　　　　　　　　　（伊藤友章）

実践としての戦略 〔strategy as practice：SaP〕 じっせんとしてのせんりゃく

　実践としての戦略とは，内容論やプロセス論と呼ばれる戦略論の既存研究が取りこぼしてきた課題に対して，実践を通じて解消するために立ち上げられた研究コミュニティである。ウィッティントン（Whittington, R.）は，実践としての戦略研究は，戦略の形成や実行，変化などを，経営者を含めた様々な実務家の行為の詳細な理解によって記述しようとする新たな試みであると述べている。その後，SaP は実務家の行為をより詳細に研究することや，**戦略プラクシス**に着目する研究等，多様な発展を遂げ，2000年代以降の戦略論の代表的な研究の1つとなっていった。

　　　　　　　　　　　　　　　　　　　　　　　　　　　（髙木俊雄）

シナジー効果 〔synergy effect〕 しなじーこうか

　全社戦略として多角化や M&A を行う際に考慮すべき既存事業と新規事業との間に生まれる相乗効果のこと。複数の事業間において共通の経

営資源（人材や生産技術・機械，流通チャネル，マネジメントのノウハウ，ブランドなど）が使用可能である場合や複数事業が相互補完的関係にある場合において相乗効果は発揮され，それによって事業に関わるコストが削減され，各事業の製品・サービスの価値が高まると考えられている。とりわけ，多角化においては，関連分野への多角化にはシナジー効果が期待され，非関連分野への多角化では期待しにくいとされている。

（間嶋崇）

シナジーバイアス 〔synergy bias〕 しなじーばいあす

　シナジー効果を過大評価し，それにかかるコストを過小評価する心理的偏向のこと。グールド（Goold, M.）とキャンベル（Campbell, A.）が1998 年に "Desperately Seeking Synergy"（邦題「シナジー幻想の罠」）の中で提唱した概念である。企業経営者は時折，自らの存在理由はシナジーを生み出すことだと信じており，コラボレーションや共同作業を何の疑いもなく理想的な状態だと思い込んでいることがある。しかし，こうした経営者はシナジーを生み出すための活動に要するコスト，特に他の分野に投入できていたはずの経営陣の時間，マーケティング予算，現場のマネジャーや従業員の労力等を無視することが多く，その場合，マイナスの結果を招くこととなる。

（伊藤真一）

社会的価値 〔social value〕 しゃかいてきかち

　個人または組織が，自身の利益を最大化するためだけではなく，例えば地域経済の発展や地球環境問題への貢献のように自らを取り巻くステークホルダーからの要求に適切に対応し，個人または組織がステークホルダーと共存，共栄していく活動に対する価値評価を指す。多くの場合，両価値の定量的関係は，**経済的価値**の高い事象は，社会的価値が低く，社会的価値の高い事象は，経済的価値が低くなる傾向にある。一般的に，同じ事象において社会的価値と経済的価値は，対立することが多く整合させることが難しい。

（田村泰一）

情報的経営資源 〔informational resources〕 じょうほうてきけいえいしげん

　事業活動に必要な資源の1つである。具体的には技術やノウハウ，特許，ブランド，顧客情報，組織風土等を指す。伊丹敬之はこれを「**見えざる資産**」と呼んで体系化した。物理的な経営資源であるヒト・モノ・

カネとは異なる特徴を持つので，**競争優位**の原因となりうる。すなわち，情報的経営資源は，同時多重に利用できる。使っても減らない。使用によってむしろ価値が増し，他の情報と結びついて新しい情報的経営資源が生じ得る。それゆえ，情報的経営資源の活用によって効率的・効果的に他社との差異を生み出せる。また，情報的経営資源は事業活動を行うことで企業独自に構築・蓄積されるので，他社がカネを出しても買えず，創り出すには時間がかかる。容易に模倣されないので，情報的経営資源に基づく競争優位は持続しやすい。

（三浦紗綾子）

情報の非対称性〔information asymmetry〕　じょうほうのひたいしょうせい

　商品・サービスの売り手と買い手の間で保有する情報に格差があること，およびそれによってもたらされる**逆選択**や**モラルハザード**という現象を説明できる用語である。例えば中古車市場の場合，販売店の方が車歴など多くの情報を持っており，通常なら売りにくい車も混在させて売ることが可能になる。一方買い手は，良い車を買おうとするが情報不足のため判断できずに車の購入を諦めることが多くなる。その結果，中古車市場には売れない車ばかりになってしまい，意図した市場の選択ではない逆選択の現象が起きる。このようなことから，ビジネスにおいては情報の透明性が重要だとされる。

（大月博司）

人材戦略〔human resources strategy〕　じんざいせんりゃく

　組織メンバーの能力を活用することによって組織が**競争優位**を実現するための人的資源管理のことである。人的資源管理は，必要な人的資源を配置して管理するとともに，組織メンバーに学習の機会を提供し彼らが諸課題に適切に対処できるように支援する活動である。その結果，メンバーの知識が組織に共有され，組織の戦略実行能力が高まる。また，トップマネジメントの**戦略的意思決定**は現場で獲得された情報や知識に大きく影響されるため，人的資源管理は戦略創造にも寄与する。近年，人的資源管理と戦略との適合が組織に好業績をもたらすという**戦略的人的資源管理**が普及している。

（桃塚薫）

垂直統合〔vertical integration〕　すいちょくとうごう

　垂直統合とは，原材料から最終商品が顧客に届くまでの業務活動を社内に置き，自社の範囲内で管理することを意味する。垂直統合は，経営

戦略論のパイオニアの1人であるチャンドラー（Chandler, A.D.）が1962年に公刊した著書 *Strategy and Structure*（邦題『組織は戦略に従う』）の中で企業の成長様式の1つとして取り上げた概念である。チャンドラーは同書において，19世紀後半から20世紀初頭のアメリカにおける大規模な製造企業の生成と展開の歴史を明らかにした。そして，こうしたアメリカの製造企業は原材料の調達・確保，製品の製造・販売，マーケティングという一連の機能を自社内に統合することにより，**企業成長**を実現したと説明している。

（黄雅雯）

スイッチングコスト 〔switching cost〕 すいっちんぐこすと

スイッチングコストとは，ある製品・サービスの買い手が，その製品・サービスの購入・使用をやめ，他の製品・サービスに乗り換える際に生じる総体的なコストのことを指す。ここでのコストとは金銭的なものだけではなく，買い手が知覚する労力的なコストや心理的なコストも含む。買い手が知覚するスイッチングコストを高めることで，売り手は買い手を囲い込み，長期的な関係性を構築・維持することが可能となる。

（真木圭亮）

水平統合, 水平分業 〔horizontal integration, horizontal specialization〕
すいへいとうごう,すいへいぶんぎょう

自社の製品・サービスあるいは事業と競合する企業を合併，もしくは提携することである。提携で行う場合は水平提携と呼ぶこともある。水平統合のメリットとしては，経営資源・ノウハウの共有，**規模の経済・範囲の経済**，市場シェアの拡大などがある。

また類似したものに水平分業がある。一般に私たちは1つのメーカーが企画から設計・開発，製造といった工程を一貫して行うことをイメージするが，水平分業では，いくつかの企業がそれぞれの優れている工程や部品などを担当・提供し，最終製品にする形態をいう。複雑で技術革新が早いハイテク分野においてよく見られる。

（遠藤雄一）

SWOT分析 〔SWOT analysis〕 すうぉっとぶんせき

当該組織が有する①強み（strength）と②弱み（weakness），当該組織を取り巻く外部環境としての③機会（opportunity）と④脅威（threat）といった4つのカテゴリーをもとに行う要因分析であり，それぞれの頭文字を

とって SWOT 分析という。また，SWOT 分析をもとに**戦略策定**する方法を「クロス SWOT 分析」という。文字通り，4つのカテゴリーをクロスさせて戦略を検討していく手法であり，①強み×機会：強みを活かし，機会を勝ち取る戦略，②強み×脅威：強みを活かし，脅威を切り抜ける戦略，③弱み×機会：弱みを補強して，機会を最大化する戦略，④弱み×脅威：弱みを踏まえて，脅威による影響を最小限にとどめる戦略あるいは撤退する戦略，などの検証に用いられる。　　　　　　　（岡田行正）

スカンクワークス〔Skunk works〕すかんくわーくす

　1943 年，アメリカ・ロッキード社において，史上最高の航空機設計者といわれた "ケリー"・ジョンソン（Johnson, C.L.）が立ち上げた組織である。第二次世界大戦中，米軍からジェット戦闘機を受注した彼が，その開発の一切を社長から託され，社内の少数精鋭の技術者を集めて組織した，専属の資材部門と独立した工場を持つ「先進技術開発プロジェクト」である。ジョンソンの指揮の下，「速やかに，粛々と，期限内に」をモットーに秘密を保持し，少数の有能で責任感が強いメンバーが一体となって働き，その後，数々の画期的な名機の開発実績を残している。これになぞらえ，企業本体から独立して特殊な任務に当たる，先進的な開発に携わるプロジェクトをスカンクワークスと呼ぶことがある。
　　　　　　　　　　　　　　　　　　　　　　　　　　　（小川長）

ストーリーとしての戦略〔strategy as a story〕すとーりーとしてのせんりゃく

　楠木建の著書『ストーリーとしての競争戦略』に代表されるように，2000 年代から組織内外の物語（story および narrative）に着目した戦略研究が生じるようになってきた。これは，社会学や心理学で生じた物語論的転回（narrative turn）にその源流を見出すことができる。物語論的転回においては，言語は実在物を指し示す記号ではなく，意味するものと意味されるものの関係性から成立すると捉える。この考えを戦略研究に導入することで，戦略は単なる現象を指し示す表象ではなく，様々なアクターにより成立した関係性として捉えられるようになるとともに，戦略が実践においていかに構築され，用いられるかについてさらなる検討がなされるようになった。　　　　　　　　　　　　　　　　（髙木俊雄）

ストレッチ 〔stretch〕 すとれっち

　産業構造がまだ混沌としていて顧客ニーズも明確となっていないものの，将来に向けて飛躍・発展することが見込まれる業界に取り組む企業において，現有経営資源と整合的な目標よりも高い目標（ストレッチ目標）を設定した上で，そうした目標の実現ができるように新しい発想や革新的な取り組みを通じて経営資源の伸展（ストレッチ）を目指すことをストレッチという。そうした経営資源のストレッチ戦略を支えるのが，現有経営資源の能力を最大限に活かす経営資源のレバレッジ戦略である。　　　　　　　　　　　　　　　　　　　　　　　　　（廣田俊郎）

スマイル・カーブ 〔smile curve〕 すまいる・かーぶ

　スマイル・カーブとは，産業の**付加価値**構造の特徴を示したモデルである。様々な産業における企業の活動は，研究開発から製造，販売，アフター・サービスに至るまでの一連のプロセスとして川上と中間，川下の３つの段階に分類することができる。川上の活動とは製品企画や研究開発であり，中間の活動とは製品の製造・組み立て，川下の活動とは販売やアフター・サービスのことである。

　横軸に企業活動の３つの段階をとり，縦軸に事業収益をとったグラフを描くと，中間の収益率が低く，両端の川上と川下の収益率が高い曲線となる。この曲線が人の笑顔の口元のように見えることからスマイル・カーブと呼ばれ，企業の戦略分析などに用いられる。　　　　　（相澤鈴之助）

生産シナジー 〔operating synergy〕 せいさんしなじー

　生産業務同士を結合する際に，結合された全体の成果が，結合されていない状態の部分の成果の合計より高くなることを指す。例えば，生産技術や設備が共有可能な製品分野を多角化する場合，現有の生産設備の利用度が高まることで，**規模の経済**や設備投資の節約が期待できる。また原材料や製品要素も共有できる場合，在庫のコストや投資を抑えることも可能になる。さらに品質管理手法までも共有することができれば，新たな品質管理指標の開発や人材育成などの品質管理コストも低減でき，全体の生産効率が向上する。　　　　　　　　　　　（石田修一）

生産性のジレンマ 〔productivity dilemma〕 せいさんせいのじれんま

　生産性のジレンマは，アバナシー（Abernathy, W.J.）による 1978 年の本

の題名に由来している。生産性のジレンマとは，生産性向上と**イノベーション**発生の間に生じるトレードオフの関係を指す。産業の成熟化に伴い，生産性向上は達成されるが，イノベーションは起こりにくくなる。なぜなら，産業が成熟化し，製品仕様も生産工程も標準化すると，それらの抜本的な変更を伴う大きなプロダクト・イノベーション（製品そのものに関する技術進歩）やプロセス・イノベーション（製品を生産するための工程に関する技術進歩）は，あまりにもコストがかかるので避けられるようになるからである。そのため，イノベーションは，品質とコストの小さな改善に向けた漸進的なものとなり，生産性は向上していくものの，産業を抜本的に変えるようなイノベーションは生まれにくくなっていく。　　　　　　　　　　　　　　　　　　　　　　　　　（坂野友昭）

成長戦略　〔growth strategy〕　せいちょうせんりゃく

　チャンドラー（Chandler, A.D.）は企業成長様式として4つの戦略をあげている。第1に同一市場で類似商品やサービスを提供している企業を一体化するという**水平統合**である。第2に原材料の調達から販売市場へと体系的に企業活動を拡張する**垂直統合**である。第3に，外国市場へ進出する国際化である。第4に，既存技術や市場に関連した新製品を生み出し，新しい市場に提供する多角化である。また，成長戦略はしばしば内部成長戦略と外部成長戦略に大別される。内部成長戦略とは自社内部の経営資源や能力を活かして成長を図る方法である。一方，外部成長戦略とは，企業の外部から経営資源や能力を獲得する方法であり，**M&A**，アライアンス，**アウトソーシング**などの形態が含まれる。　　　　（黄雅雯）

成長ベクトル　〔growth vector〕　せいちょうべくとる

　成長ベクトルは，企業が成長や発展を目指す上で，現在のポジションから見て製品（技術）と市場の両者をどう戦略的に変化させるかを考察するものである。成長ベクトルは，市場浸透，市場開拓，製品開発，多角化の4つに分類される。市場浸透とは，積極的な販売，宣伝，流通によって，現在の製品の売上を伸ばす戦略であり，市場開拓とは，現在の製品を新しい市場に投入し，売上を伸ばす戦略である。また，製品開発とは，現在の市場向けに改良された製品を開発することによって売上を増加させる戦略であり，多角化とは，新しい市場向けの新製品を開発し，売上を増加させる戦略である。最も**リスク**の低い選択肢は市場浸透

であり，最もリスクの高い選択肢は多角化である。ただし，企業はこれら4つの成長ベクトルを個別の方向性として捉えるのではなく，むしろ，十分な利益をもたらす製品ポートフォリオへと結びつくような適切な組み合わせとして捉える必要がある。　　　　　　　　　　　　　（伊藤龍史）

制度戦略〔institutional strategy〕　せいどせんりゃく

　資源獲得を目的とした企業の戦略行為の1つである。1999年にローレンス（Lawrence, T.B.）が提唱した。ルールや組織フィールド（organizational field：特定の行動様式を共有した組織間の関係性）などの維持や変容といった，企業にとって望ましい状況を確立するための戦略行為を指す。競争のあり方の維持や変革における組織の試みであり，既存の実践やルールを活用して**競争優位**の獲得を志向する競争戦略とは異なる。制度戦略は，実践や製品，サービスの「普通」を定義する法律や市場の基準設定に関する「標準化戦略（standardization strategy）」と，産業や集団における「所属」を定義するメンバーシップに関する「会員戦略（membership strategy）」に分けられる。前者は，規制の設定や政治的圧力，後者は専門化や社会資本によるメンバーシップの設定やリーダー組織による情報の統制等が挙げられる。　　　　　　　　　　　　　　　　　　　　　（古田駿輔）

製品開発戦略〔product development strategy〕　せいひんかいはつせんりゃく

　経営学者アンゾフ（Ansoff, H.I.）が提唱した4つの**成長戦略**のうちの1つが「製品開発戦略」である。既存市場に新製品を投入する戦略として「製品開発」を位置づけており，製品開発において，企業は新製品を開発するコストと**リスク**を負う。この製品開発戦略は，単に既存製品と違うものを作ればよいというものではなく，その製品開発過程において，以下2つのステップが重要となる。①新製品コンセプトの開発，②新製品開発の「戦略」仮説の検証。これらを踏まえ，プロトタイプ作成（フィードバック）を経て製品化される。**企業成長**のためには，継続して新市場を開拓し続ける必要がある。そのため，企業の未来に，製品開発戦略は大きく関わってくる。　　　　　　　　　　　　　　　　　（大驛潤）

製品ライフサイクル〔product life cycle〕　せいひんらいふさいくる

　製品の販売開始から，その製品が市場から退場するまでのことである。製品ライフサイクルを導入期，成長期，成熟期，衰退期と各段階に

分けることが一般的である。販売を開始した当初は導入期であり，それが多くの消費者から支持され，販売量が増大し始めると成長期に入る。一定の量が販売され，市場成長が一段落し，成熟期を迎えると販売量の伸びも止まり，その後は徐々に減少してくる。衰退期にはそれに代わる新たな市場が誕生することで市場が縮小し，その製品は市場から退場する。

　例えば，スマートフォンが登場する前は，ほとんどの人が携帯電話を所持していたが，スマートフォンの登場によって代替され，携帯電話市場は縮小した。衰退期はこうした現象で起きる。　　　　　　　（遠藤雄一）

先行者優位 〔first mover advantage〕 せんこうしゃゆうい

　先行者優位とは，企業が真っ先に製品やサービスを市場に導入することによって得ることのできる優位性を指す。先行者優位の源泉としては，次のものがある。①**経験曲線**の経済を享受できることによって，コストが引き下げられる。②自社の製品を業界スタンダードとして確立できる。③高いブランド認知とブランドロイヤリティを確立できる。④戦略的ロケーションを確保したり，重要なサプライヤーと専属契約を結んだりするなど，**競争優位**につながる希少な資源をコントロールできる。⑤消費者の他社製品への**スイッチングコスト**を高める。　　　　（坂野友昭）

全社戦略 〔company-wide strategy〕 ぜんしゃせんりゃく

　企業戦略ともいい，企業が経営環境の変化に適応し，**競争優位**を確立するために企業全体の活動領域についての方針を決定することをいう。いわばトップマネジメントが**企業成長**のために将来の長期的な構想を策定するものである。具体的には，長期的構想に基づき，海外進出，新規**事業創造**（多角化），そして事業撤退などの**戦略的意思決定**を行う。また選択と集中戦略（selection and concentration）は企業が競争優位を確立している中核事業や将来，競争優位確立の可能性がある事業領域に経営資源を集中する方針を決めるため，全社戦略と似た意味をもつ用語である。

（榊原一也）

戦術 〔tactics〕 せんじゅつ

　戦術とは，より上位にある**全社戦略**や**事業戦略**を実現するために，調達・購買や生産・オペレーション，販売・マーケティングなどの各部門

が具体的に実施する手段や方法のことを指す。資源配分を通じて全社的な方向性を示す全社戦略や，事業としての目的達成のための方針を示す事業戦略は各部門やそこで働く人々にとっては往々にして抽象度が高く，またそこで示された方向性や方針を実現するための具体的な方法については言及しない。上位の戦略を実現するという文脈の中で各部門は自身の果たすべき役割を考え，戦術として具体化する必要がある。

前述のように戦術は全社戦略や事業戦略の下位にあるものだが，それは戦術の重要性が相対的に低いことを意味してはいない。戦略はそれが適用される範囲の広さゆえに変更が難しく，また頻繁に変更すると全社的な混乱を招きかねない。他方で戦術は戦略と比較すると変更しやすいため，変化に対して柔軟に対応する際に重要な役割を果たすとも考えられている。

（真木圭亮）

全体最適〔total optimization〕 ぜんたいさいてき

組織やシステム全体が最適な状態であることを指す。組織内の個別の部門各々が最適な状態である**部分最適**（局所最適）を追求しても，全体最適を達成できるとは限らない。部分最適を追求する一方で，組織全体を見通す広い視野に立って，部門間で情報を共有し，協調，協働することによって，組織全体を最適化することが可能となる。トップが全体最適への**ビジョン**を示すことや部門間のコンフリクトを解消することも重要である。企業活動や取引の**グローバル化**，ICT の進展に伴って，個別企業内だけでなく，サプライチェーン全体を通じた全体最適が求められている。

（清水さゆり）

戦略〔strategy〕 せんりゃく

戦争・軍事用語で，戦闘を連合させて戦争の目的に結びつけること，あるいは戦争目的遂行のために複数の戦闘を使用すること。または，ゲーム理論においてプレーヤーがある一定のルールの下で自らの利得を最大化しようとする行動計画のこと。経営体においては，自らの目的や長期的目標を設定したり，経営体の目的達成のために自らの資源を動員したりすること。あるいはそういった現象や手段を形容するために「戦略的―」と用いられる。経営に関連する場合に，「経営戦略」の略語として用いられることが多い。

（寺本直城）

戦略イメージ 〔images of strategy〕　せんりゃくいめーじ

　ポストモダン的観点では，戦略はデザインと創発の相互作用の中，マップやフレームワークを提供する主観的な戦略のイメージと混沌とした現実とを行き来するところから創出される。カミングス（Cummings, S.）とウィルソン（Wilson, D.）は，戦略イメージとして，①エートス，②組織化，③意図と予期，④知識の編成，⑤データとセンスメーキング，⑥創造性，⑦探索と相互連結，⑧システム思考，⑨プロセス・パワー・変革，⑩マーケティング，⑪数字，⑫意思決定の12個をあげた。業界や事業環境，事業化の文脈によって使われるイメージとそのウェイトは異なる。また戦略イメージはこれらに限られたものではなく，実務者が独自のイメージを追加することができる。　　　　　　　　　　（増田靖）

戦略化 〔strategizing〕　せんりゃくか

　組織における様々なアクターの行為や相互作用といったミクロレベルの実践に着目した「**実践としての戦略**」パースペクティブによる戦略の捉え方を指す。企業や市場のようなマクロレベルの視点において企業組織が持つものとして戦略を捉えそのあるべき姿を理解しようとする既存の戦略論とは異なり，戦略化は，ワイク（Weick, K.E.）の組織化（organizing）のように，戦略に関わる様々なアクターによる状況に埋め込まれた社会的な相互行為や干渉の中で戦略がいかに構築されイナクトされるのか，戦略を進行中のプロセス（人々の行い）として捉え理解しようとするものである。　　　　　　　　　　（間嶋崇）

戦略グループ 〔strategic group〕　せんりゃくぐるーぷ

　戦略グループとは，ポーター（Porter, M.E.）によって示された概念で，特定の業界内において類似の戦略に従っている企業のグループを指す。戦略を特徴づける次元としては，専門化の程度，ブランドの重視度，流通チャネルの選択，品質政策，技術政策，**垂直統合**，費用の優位度，サービス政策，価格政策，財務能力・営業能力，親会社との関係，政府との関係などがあげられる。ポーターは，移動障壁（企業が戦略グループ間で移動する能力を妨げる要因）の概念を用いて，同一業界内において戦略グループが独特のポジションを確保し，企業間の収益性に差が生じることを説明した。移動障壁の高い戦略グループに属する企業ほど，収益性はより高くなる。　　　　　　　　　　（坂野友昭）

戦略計画 〔strategic planning〕 せんりゃくけいかく

　企業等の経営者が，自社の経営理念や**ビジョン**等の未来像の実現に向けて，最適な意思決定をするために，顧客や従業員，競合他社，株主，自社の資源・技術などの環境を分析・評価することにより策定する過程や計画のこと（革新行動や業務の計画，予算など）を指す。特にこの計画の重要な手法とされるのが，1970年代にコンサルタント会社の BCG やマッキンゼー・アンド・カンパニーなどにより開発されたポートフォリオ分析である。これらの手法によって，計画を策定する上での課題（**経験曲線**の法則が通用しない，長期的な**競争優位**ではなく短期的なコスト削減を促進するなど）も認識されるようになり，そしてこの手法は変容しながら現代に至っている。　　　　　　　　　　　　　　　　　　　　（森俊也）

戦略系コンサルタント 〔strategic consultant〕 せんりゃくけいこんさるたんと

　1963年に**ボストン コンサルティング グループ**（BCG）が世界で初めて戦略に特化したコンサルティング会社として誕生した。それ以前はオペレーションや組織に関するコンサルテーションが中心だった。その後はコンサルティング会社が専門特化していき，戦略系以外でも IT 系，業務系，人材系，会計系など多岐にわたる。その中でもマッキンゼーをはじめ，ベイン，AT カーニーなどが戦略コンサルティング会社として有名である。

　いずれのコンサルティング会社も経営者などのマネジメント層の問題解決を図ることを売りにしている。具体的には中長期戦略，**事業戦略**，事業ポートフォリオ，グローバル戦略，**M&A** などが代表的なテーマとなる。日系企業では戦略に特化したコンサルティング会社で有力なところは少ない。　　　　　　　　　　　　　　　　　　　　　　（内田和成）

戦略形成 〔strategy formation〕 せんりゃくけいせい

　通常企業は，目標達成のために環境分析，自社分析などを行った上で戦略を策定し，それを実行する。しかし時には，目標達成のための行動中に既存の戦略とは異なるものが生まれてくることがある。つまり**意図した戦略**に対して，行動に伴い形成される戦略である。そしてその特徴は，受け身的なところである。例えば，ホンダのアメリカ進出での成功ストーリーである。ホンダは当初，中型オートバイを軸にした戦略で成功を目論んだが想定通りにはうまくいかなかった。しかし，そうした中

で，業務用で使っていた小型カブに引き合いが出てきたことをきっかけに，次第に新たな小型バイクの戦略が形成されたのである。このように，戦略は意図的に作りだすだけでなく，業務を通じて形成されることがある。この用語は，戦略は容易にコントロールできないことを表しているともいえる。

（大月博司）

戦略構造　〔strategy-structure／strategic structure〕　せんりゃくこうぞう

　企業における経営環境の変化に対応するための戦略の全体の仕組みのことであり，経営戦略の構造ともいえる。これは，企業の存続や成長を決定づける重要なものであり，**全社戦略**，**事業戦略**，**機能別戦略**の3種から成る。全社戦略とは会社全体の戦略であり，会社のビジョンやガイドラインともなるものである。事業戦略とは各事業分野ごとの戦略であり，機能別戦略とは製造，販売，研究開発などの特定機能の個別戦略である。これら3つの戦略は，それぞれ独立したものではなく，相互に密接に関連したものであるから，全体として整合性を持ったものでなければならない。

（孔麗）

戦略コントロール　〔strategic control〕　せんりゃくこんとろーる

　策定された戦略を意図通り実現するために，もし戦略の実行段階で意図的な目標から逸脱したらそれを是正すること，あるいは組織目標を達成するためコントロールを戦略的に行うことを意味する。コントロールに関しては，基本的に PDCA といったマネジメント・サイクルの一環として捉えられてきたが，環境変化に対応するための戦略的発想が求められるようになり，今日では戦略を組み込んだコンセプトとして用いられている。

（大月博司）

戦略策定　〔strategic formulation〕　せんりゃくさくてい

　経営戦略の作り方を戦略策定という。戦略プランニングの諸研究によれば，戦略策定は現在の戦略の評価，環境分析と資源分析に基づく戦略の発案とその評価，戦略の選択という手順で行われる。従来トップマネジメントの経験と勘に頼っていた策定は，これらの議論によって理論化され具体的な方法として公式化された。なお，戦略の策定はトップマネジメントの役割であり，組織の他のメンバーが戦略を実行する。しかしミンツバーグ（Mintzberg, H.）によれば，経営戦略の主な作り手はミドル

マネジャー以下の組織メンバーであり，トップはその戦略にお墨付きを
与える役割を担う。　　　　　　　　　　　　　　　　　　　　（桃塚薫）

戦略サファリ 〔Strategy Safari〕　せんりゃくさふぁり

　1998 年にミンツバーグ（Mintzberg, H.），アルストランド（Ahlstrand,
B.），ランペル（Lampel, J.）によって著述された。彼らは本書において，
動物をメタファーとして戦略マネジメントを体系的に捉え，10 学派
（school）に類型している。①デザイン，②プランニング，③ポジショニ
ング・スクールは，規範的な特徴を持ち，戦略がどのように形成される
べきかに焦点が当てられている。他方，④アントレプレナー，⑤コグニ
ティブ，⑥ラーニング，⑦パワー，⑧カルチャー，⑨エンバイロメン
ト・スクールは，実際にどのように戦略が形成されていくかを記述的に
提示する。そして，これら 9 つのスクールを包括・統合する学派とし
て，⑩コンフィギュレーション・スクールを位置づけている。（鈴村美代子）

戦略シナリオ 〔strategic scenario〕　せんりゃくしなりお

　物語の台本に喩えて，事業計画において当該事業が進んでいくべき道
筋を描いたもの。企業にとって未来は予測不能で**不確実性**が高い。そう
した不透明なビジネス環境の中で当該事業をあるべき姿へと導く道標の
役割を担うのが戦略シナリオである。通常シナリオプランニング
（scenario planning）などの手法を用いて構想される。シナリオプランニ
ングでは，政治，経済，技術などのビジネス環境の中から，当該事業の展
開に大きく影響を及ぼす要素（例えば，代替技術の開発や規制緩和など）を
2 つ抽出し，縦横 2 軸に配置した 4 象限を作成する。そして各象限ごと
に当該事業が進むべきシナリオを描く。戦略シナリオは，こうしたプラ
ンニングの過程から生み出される。　　　　　　　　　　　　（増田靖）

戦略スキーマ 〔strategic schema〕　せんりゃくすきーま

　戦略スキーマとは，人の情報認識および認識過程を戦略的視座から説
明するものである。製品開発の戦略で用いる時は，「製品展開や市場競
争を行う際の戦略策定者の情報認識および認識過程」とされる。マーケ
ティングの戦略では，消費者が持つ「製品情報に関して統一して理解し
ている認識および認識過程」（NIKE などのブランドイメージの認識）をス
キーマと呼ぶ。この消費者に，企業ブランドイメージ以外の新しい情報

（例えば，新製品情報や企業の社会貢献情報など）を付与する広告は，製品開発の戦略策定者と同じく，既存スキーマに大きな影響を与え，それが消費行動にまで及ぶ。そのため，企業が，スキーマを戦略的に活用することは，製品開発やマーケティングに影響するという意味で重要である。戦略スキーマは，新しい情報を整理して認識するシステムとして説明できる。　　　　　　　　　　　　　　　　　　　　　　　　（大驛潤）

戦略的意思決定 〔strategic decision-making〕　せんりゃくてきいしけってい

　主にトップマネジメントが行う意思決定である。拡大化戦略や**多角化戦略**，成長の方向性など企業全体に関わる重要な問題を扱う。

　1965 年にアンゾフ（Ansoff, H.I.）は，当時意思決定の分類が明確ではなかった状況において，意思決定を戦略的意思決定，管理的意思決定（部長や課長などの中間管理者による組織編成や業務プロセス，資源獲得などに関わる意思決定），業務的意思決定（係長や職長などの監督者による業務上の目標を達成するための意思決定）の 3 種類に分け，新たにトップレベルの意思決定として戦略的意思決定を提示した。

　なお，アンゾフの戦略的意思決定とは企業の内部ではなく，外部，具体的には製品－市場ミックスを選択することである。　　　　　　（高坂啓介）

戦略的意図 〔strategic intent〕　せんりゃくてきいと

　ハメル（Hamel, G.）とプラハラード（Prahalad, C.K.）の創出した概念。日本のコマツなど，世界のリーダー的存在となった企業がなぜその地位を獲得するようになったかを問題意識として，研究を進めていく中で見出されたものである。そして，単に戦略の中身を描くものでなく，企業のパーパスや**ビジョン**を実現するための指針としての役目を果たしているものといえる。その特徴は，①勝つことの本質を捉えているもの，②長期にわたって持続するもの，③個人の努力と責任の遂行に値する目標設定となるもの，である。　　　　　　　　　　　　　　　（大月博司）

戦略的思考 〔strategic thinking〕　せんりゃくてきしこう

　戦略的思考とは，不完全なあるいは断片的な情報しかなく，**不確実性**を伴う状況下で，長期的，大局的，創造的見地から目的を設定し，その実現のためにいかに効果的に資源を獲得し展開するかに関わる思考である。これは，人や組織が，長期にわたって存続し発展するためには必要

不可欠で，例えば，組織において，その将来像や事業領域の設定，競争のあり方，資源の配分などを検討する際に活用される。優れた戦略的思考を行うためには，組織内外における事象のメカニズムとそのダイナミクスに関する深い洞察力および，集中すべきことの絞り込みとトレードオフ・優先順位の設定に関する厳格さが求められる。　　　（文智彦）

戦略的人材育成 〔strategic human resource development〕
せんりゃくてきじんざいいくせい

　1980 年代から展開した**戦略的人的資源管理**においては，従業員は企業の**競争優位**を達成する源泉としての人的資源と位置づけられた。そこでは競争優位を導く戦略と人的資源管理の整合性や，戦略遂行に必要な従業員の役割や能力の明確化，およびそれを引き出す施策が求められるようになった。この考え方のもとでは，競争優位の獲得や維持につながるような能力や，外部環境や企業の戦略の変化に柔軟に適応できるような能力の開発が求められる。また，従業員のキャリア発達段階に応じてそれぞれの段階で必要な能力の開発を図ることも重要とされ，例えば専門能力の開発や管理職・経営職などのリーダー育成ではこれが重視されている。　　　（石毛昭範）

戦略的人材マネジメント (SHRM) 〔strategic human resource management〕
せんりゃくてきじんざいまねじめんと

　戦略的人的資源管理ともいい，組織がその戦略的目標を達成できるように意図された人材の管理に関する諸活動から成るシステム，または類型である。戦略立案プロセスにおける戦略形成や戦略実行の段階において，人材の面から寄与する。戦略形成の段階では，人材に関する問題点の明確化や必要とされる能力開発がなされるように機能する。戦略実行の段階では，選択された戦略プランに，人材の計画・選抜・配置・訓練や能力開発・評価・報酬などを適合させる。そして，その戦略プランが人材により確実に実行されるように機能する。これらの諸活動とその機能を戦略的経営プロセスに統合することで，組織成果を高める**競争優位**の獲得と維持につながると考えられている。　　　（日詰慎一郎）

戦略的組織変革 〔strategic organizational change〕 せんりゃくてきそしきへんかく
　組織変革を推進する際に，環境変化が激しいと意図通りの変革を実施

することができなくなる。この用語は、戦略的に意図した変革を実現するために、環境変化の激しさの度合いにかかわらず、事前に変化を想定して組織目標の達成が実現できる体制を目指した組織変革を行うことを意味している。しかも、環境変化に相応して戦略を変化させる戦略転換だけでは絵に描いた餅となり、目標達成の実現は困難なことから、組織において戦略転換がなされるという考え方が基盤となっている。　　（大月博司）

戦略的直観 〔strategic intuition〕 せんりゃくてきちょっかん

　ダガン（Duggan, W.）が提示した戦略的直観は、戦略形成における意思決定者の思考過程に注目したものである。ダガンは、既存の戦略研究は計画・分析を机上で行っているに過ぎず、現場で生じている創造的発見や進化を軽視していると述べ、この創造的発見や進化に着目することの必要性について示した。その上で、漠然とした感覚的な直観ではなく、合理的思考方法と創造性とを共存させた戦略的直観の概念を示した。そしてこの戦略的直観を経営者や管理者が身につけるために、先例を学び、それらの共通性やつながりを見つけ、自身の思考の基礎となるような教育が必要であると述べている。　　（髙木俊雄）

戦略的提携 〔strategic alliance〕 せんりゃくてきていけい

　戦略的意図を有した企業同士の提携。企業間関係は自律的・対等的・互恵的である。グローバル化や競争の激化に伴い、迅速な経営資源の獲得や組織学習による経営能力の構築が不可欠となってきたことから、同業種のライバル企業同士、グローバル企業同士、異業種の巨大企業同士の間で近年急速に増加してきている。合弁や共同研究開発、ライセンシング、クロスライセンス等が含まれる。蜘蛛の巣状態のネットワークが形成され、M&Aよりも柔軟に環境変化に対応することができる。長期的関係形成が相互に大きなメリットをもたらすが、パートナー関係はしばしば囚人のジレンマに陥りやすく、短期的関係に終わることも多い。

　　（牛丸元）

戦略的補完性 〔strategic complementarity〕 せんりゃくてきほかんせい

　ある財・サービスの市場において2つの経済主体が相互に利得を最大化するための戦略を選択する状況下で、一方の経済主体がある戦略をとり、もう一方の経済主体も同様の戦略をとることが自身の利得を最大化

する状態。例えば，企業による製品の価格設定には戦略的補完性がある。一方の企業が当該製品の価格を下げた場合，他方の企業も同じく価格を下げることで，市場シェアを維持できる。　　　　　　　　　（山野井順一）

戦略的要因〔strategic factor〕　せんりゃくてきよういん

　他の要因が不変ならば，ある要因を取り除くか，変化させることによって目標達成ができる要因のこと。1938年にバーナード（Barnard, I.C.）が目標達成のための概念として提唱した。組織の問題を生んだ直接的かつ決定的な要因を探し当てれば，組織の問題を解決できることが前提となっている。経営戦略論が盛んになる以前に企業経営における戦略的発想の必要性を示した概念でもある。しかし，当時は企業経営において戦略という用語がほとんど使われず，その発想の重要性が明らかにされる程度で，経営戦略ないし**企業戦略**といった戦略の全体像を対象としたものにはならなかった。　　　　　　　　　　　　　　（古田駿輔）

戦略的リーダー〔strategic leader〕　せんりゃくてきりーだー

　複雑な外部環境に適応するために，経営戦略や**組織文化**，組織構造など組織全体に影響を及ぼすトップマネジメントの役割を指す。取り得るリーダーシップ・スタイルは，交換型リーダーシップ（transactional leadership）と変革型リーダーシップ（transformational leadership）に分けられる。前者は，メンバーに目標達成に対する期待を示し，その報酬を与える代わりに影響力を行使するスタイルを指す。後者は，**ビジョン**を提示し，メンバーの努力を結集させるカリスマ型のスタイルである。これらのスタイルは，主に上司－部下といったミクロ・レベルの関係で見られてきたが，トップマネジメントにも適用される。　　　　　　　（大沼沙樹）

戦略的リーダーシップ〔strategic leadership〕　せんりゃくてきりーだーしっぷ

　戦略の変革を生み出すために集団を率い，影響を与えるプロセスであり，戦略を意図的に変えるために人を動かして人材や資本，設備，材料などの経営資源（インプット）を製品やサービス（アウトプット）へ変換するリーダーの能力を指す。戦略的リーダーシップは事業環境が複雑で不確実なほど重要であり，戦略の決定や組織の構造，コントロール，文化の確立，経営資源の管理，倫理的慣行の確立といった幅広い行動を伴う。また，戦略的リーダーシップはリーダー個人によって発揮される場

Ⅲ

用語集

さ

合もあれば，チームによって行使される場合もある。　　　　　　（佐々木博之）

戦略の5P 〔Mintzberg's five Ps of strategy〕　せんりゃくのふぁいぶぴー

　1987年にミンツバーグ（Mintzberg, H.）が整理した経営戦略概念の5類型のこと。頭文字から5Pモデルとして提案された。5Pとは，①計画（Plan）としての戦略（意図的なガイドライン），②策略（Ploy）としての戦略（競合相手を出し抜く策略），③パターン（Pattern）としての戦略（意図に関わらない一貫した行動様式），④位置づけ（Position）としての戦略（市場環境に企業を位置づける手段），⑤視野（Perspective）としての戦略（企業と環境についての認識様式）である。5Pモデルは「戦略とは何か（計画・パターン）」と「戦略とは何をするのか（策略・位置づけ・視野）」に分けられることもある。そのため，戦略概念は単独で使われるよりも，各モデルの部分的な複合体として捉えられる場合が多い。　　　　　　　　（古田駿輔）

戦略バイアス 〔strategic bias〕　せんりゃくばいあす

　戦略バイアスとは，戦略観が特定の方向に偏向する傾向のことをいう。例えば日本では，**リソース・ベースト・ビュー**と**創発的戦略**を組み合わせた戦略観，また，アメリカでは，**戦略計画**とポジショニング・ビューを組み合わせた戦略観を「よい戦略」と捉える傾向がある。このようなバイアスが生じる理由は，われわれの頭の中の固定観念にある。経営資源の流動性が比較的高いアメリカでは，事前の合理的計画に基づき環境の機会と脅威を追求する戦略志向，また経営資源の流動性が低い日本では，経営資源を活用し事後の創発を重視する戦略志向のバイアスが生じやすい。なお，戦略バイアスは国の違いに加え，企業間，企業内の部門間，経営者の世代間等の違いによっても生じる。　　　　（玉井健一）

戦略パラドックス 〔strategic paradox〕　せんりゃくぱらどっくす

　目標達成のための戦略は，事業のあるべき姿を想定した未来志向が基本だが，当面の事業を深掘りする現状志向のものもあり，いずれも戦略としては正しい方向を示唆しているといえる。ところが，未来志向の戦略を推し進めていくと，現状の機会を見誤るという失敗を招くことがある。また，正当性のある現状志向の戦略を進めても，それは将来につながらない恐れが生じるかもしれない。例えば，ハイブリッド型エンジンの効率性アップという社内で正当性のある戦略をとっても，電動モー

ターが業界標準になると，将来の成果につながらないのである。このように，戦略としては正しいものが環境変化によっては正しくなくなる，ということが戦略の実施において生起することを意味する用語である。

（大月博司）

戦略プラクシス〔strategic praxis〕　せんりゃくぷらくしす

　チャンドラー（Chandler, A.D.）以降，様々な戦略概念が乱立する中で，いずれの戦略が正解であるかといった議論や，乱立した戦略を類型化する議論が戦略研究の文脈において生じてきた。しかしながら戦略プラクシスの議論は，これらとは異なっている。シュリバスタバ（Shrivastava, P.）によると，戦略とはプラクシス（実践を通じた行為）であるため，当該企業が置かれた文脈に応じて変化が生じると述べている。このことは，戦略研究とは確固たる存在ではなく，行為者の読み解きによって多様な行為が生じるものであると考えられる。　　　　　　　（髙木俊雄）

戦略マップ〔strategy map〕　せんりゃくまっぷ

　ハーバード・ビジネス・スクールのキャプラン（Kaplan, R.S.）とノートン（Norton, D.P.）が 2004 年の著書 *Strategy Maps: Converting Intangible Assets into Tangible Outcomes*（邦題『戦略マップ：バランスト・スコアカードによる戦略策定・実行フレームワーク』）で示した戦略実現のための管理会計的な概念枠組み。そこでは，株主価値，コスト削減等の財務的視点を最上位に位置づけ，それらを実現するために価格，品質等，顧客の視点を設定する。また顧客の視点実現のため，業務・顧客管理プロセス，**イノベーション**等の内部の視点を設定し，さらに内部の視点実現のため，人的資本，情報資本等，学習と成長の視点を設定する。このように，会計的な指標以外に経営諸活動に関する指標も体系的に示す点に特徴がある。　　　　　　　（藤田誠）

創発的戦略〔emergent strategy〕　そうはつてきせんりゃく

　意図していなかったが結果として実現された戦略を創発的戦略という。ミンツバーグ（Mintzberg, H.）は，戦略形成の流れの中で当初の**意図した戦略**と最終的に実現された戦略（realized strategy）の関係に着目した。意図した戦略が実現されるとは限らない。また，実現された戦略が意図した戦略であるとも限らない。このような両者の関係から，①意図し実

現できた**計画的戦略**，②意図したが実現できなかった戦略（unrealized strategy），そして③意図していなかったが結果として実現できた創発的戦略（emergent strategy）という 3 つの戦略形成の流れがあることを指摘した。創発的戦略においては，意思決定，行動の 1 つひとつが集積され，戦略のパターンが形成される。創発的戦略の例として，ホンダの北米二輪市場進出，Johnson & Johnson のバンドエイドが取り上げられることが多い。

（歌代豊）

組織開発 〔organization development〕 そしきかいはつ

　1950 年代後半にアメリカで生まれ，1960〜70 年代にかけて広がった考え方である。一言でいえば，組織が自らの目的を達成できるように，環境変化に適応して組織を変革し活性化していくことをいい，組織変革の技術や方法の総称というべきものである。とりわけ**組織文化**の変革，新たな行動様式づくりが重視される。日本では 1960 年代後半に導入されたが，主に職場教育や組織の活性化運動という面が強調されることが多かった。プロセス・コンサルテーションやチームビルディングといった手法が知られているが，近年では，参加者の対話を通して相互の信頼関係を醸成し新たな発想が生まれることを目指す対話型組織開発という考え方も見られる。

（石毛昭範）

組織能力 〔organizational capability〕 そしきのうりょく

　その企業に**競争優位**をもたらす知識やノウハウ，技術などの無形の経営資源のこと。バーニー（Barney, J.B.）によれば，それは企業を取り巻く外部環境の機会を活かし脅威を減じる希少で模倣困難なものであり，組織はそれを獲得・活用するための政策や制度の整備を要する。また組織能力は，当該企業にとって競争優位の源泉になる一方で，環境の急激な変化の中でその能力が競争優位の源泉になり得なくなった場合には逆に固執を生み，組織に慣性をもたらすことがある。このことを**コア・リジディティ**と呼ぶ。企業には，このような固執や慣性を超え，環境適応に向け組織能力を再構成し自己を変えていく能力すなわち**ダイナミック・ケイパビリティ**の獲得が求められる。

（間嶋崇）

組織文化 〔organizational culture〕 そしきぶんか

　組織に属するメンバーに共有された価値観を指す。価値観が共有され

ると，当該組織内では何が重要で，どのように判断し行動すべきかをメンバーが自覚的，あるいは無意識に受け入れる。そのため，メンバーの思考・行動様式が統一化されることから，組織の雰囲気やカラーとして表れ，組織を特徴づけるものとなる。組織構造などのハードな側面と対比して，組織文化はソフトな側面といわれる。企業のオフィス・レイアウトや社内で使用される専門用語，敬語の使い方，研修などは，組織文化が観察可能な形で表れるものの例である。 (大沼沙樹)

退出障壁 〔barriers to exit〕 たいしゅつしょうへき

業界内の企業がその業界から退出することを阻む要因のこと。企業は，自社が保有する資産を別の用途に活用した方がより高い利益が見込める場合，業界からの退出を検討する。しかし退出障壁がある場合，速やかな対応が困難になる。例えば①雇用義務や供給義務がある場合，②保有資産が特殊で転売が難しい場合，③政府の規制によって退出にコストがかかる場合，である。事業継続の有無にかかわらず，業界に属する限りその企業が果たさなければならない義務から退出障壁は生まれる。アメリカでは病院を閉鎖するのに行政の承認が必要だという州もある。また，人口減少により利用客がほとんどいない地域での鉄道やバスに運行義務がある場合もこれに該当する。 (井上達彦)

代替財 〔substitutional goods〕 だいたいざい

代替財とは，ある製品カテゴリーが果たしている機能を代替できる別の製品カテゴリーのことを指す。2つの製品カテゴリーAとBがあるとして，Aの価格が上昇した場合，すなわち消費者にとってはAを購入しづらくなった場合にBへの需要が増加するとき，AとBは代替関係にあると考えることができる。

ある製品カテゴリーにとって，他のどの製品カテゴリーが代替財となるかは必ずしも自明ではない。スマートフォンと腕時計は，「時間を確認する」という機能においては代替関係にあるが，腕時計を「自身の社会的ステータスを示す」という機能を果たすものと捉えると，この2つは代替関係にはない。ある製品カテゴリーが果たす基本的な機能だけではなく，消費者がその製品カテゴリーからどのような価値を享受しているのかをより深く広く捉えることで，より広い代替可能性を考慮することができる。 (真木圭亮)

ダイナミック・ケイパビリティ〔dynamic capability〕　だいなみっく・けいぱびりてぃ

　ダイナミック・ケイパビリティとは，企業が技術・市場変化に対応するために，資源ベースの形成・再形成・配置・再配置を実現していく，変化対応的な自己変革能力であり，企業の進化的適合力を高める能力である。企業が**競争優位**を生み出してきた過去のルーティン，**ケイパビリティ**，資源，知識，資産である**オーディナリー・ケイパビリティ**を対象として再構成するより高次のケイパビリティであり，「メタ・ケイパビリティ」と呼ばれる。企業固有の歴史を通して形成される能力にとどまらず，必要とあれば経営者が他社の資産や知識も巻き込んで再構成・再配置するオーケストレーション能力でもある。　　　　　　　　（小林満男）

ダイナミックシナジー〔dynamic synergy〕　だいなみっくしなじー

　ある時点で企業に蓄積されている**見えざる資産**が，その後の戦略的事業展開にも利用できるようなシナジーを意味するという，伊丹敬之が『新・経営戦略の論理』の中で提示した概念。日本の多くの化学繊維メーカーが，化学に関する技術・ノウハウを活かして，化学繊維以外の様々な化学事業を展開した例やカメラメーカーが光学技術を活かしてコピー機，半導体露光装置等を開発・販売した例等があげられる。（藤田誠）

タイムベース戦略〔time-based competition strategy〕　たいむべーすせんりゃく

　時間を**競争優位**の源泉とした戦略をタイムベース戦略という。1990年に出版された**BCG**のストークJr.（Stalk Jr., J.）とハウト（Hout, T.M.）らによる*Competing against Time: How Time-Based Competition Is Reshaping Global Markets*（邦題『タイムベース競争戦略』）が，タイムベース戦略が注目される嚆矢となった。同書は，日本企業のベンチマーキングにより，生産リードタイム，開発リードタイムの短縮が高業績につながることを指摘し，そのための組織・業務プロセス改編のアプローチを提示した。日本企業は，従来からQCD（品質・コスト・納期）を改善・品質管理の指標として重視していたが，世界的にも納期・時間の重要性が認識されるようになった。タイムベース戦略は，その後リエンジニアリング（business process re-engineering：BPR）やコンカレント・エンジニアリングの普及にもつながっていった。　　　　　　　　　　　　　　　　　　（歌代豊）

多角化戦略 〔diversification strategy〕 たかくかせんりゃく

多角化戦略とは，新たな事業分野へと進出する戦略であり，換言すれば，企業の持つ経営資源を新たな製品・市場へと展開することで，成長を実現する戦略である。アメリカ企業が事業を急速に多角化させたのが1960年代であったが，この現実問題を反映し，経営戦略論においても製品市場の選択の指針となるような多角化研究が要請されたと考えられている。多角化は大まかに，**関連多角化**と非関連多角化に分類できる。関連多角化とは，企業の各事業が，開発・生産技術，製品用途，流通チャネル，管理ノウハウなどを共有する多角化である。非関連多角化とは，企業の各事業間における，極めて一般性の高い経営管理スキルと財務的資源以外の関連性が希薄な多角化である。 (星和樹)

多国籍企業 〔multinational enterprise〕 たこくせききぎょう

国境を越えて事業活動を展開する企業を指す。より具体的に，OLIパラダイムを構想したダニング (Dunning, J.H.) は多国籍企業を「海外直接投資を行い，一カ国以上で**付加価値**活動を所有する，あるいは何らかの方法で支配する企業」と定義付けた。ただし，いくつかの点を巡って多国籍企業の捉え方は研究者間で多種多様である。例えば，海外直接投資を行わずとも海外で事業活動を行っていれば多国籍企業であると論ずる研究者もいれば，事業活動の地理的範囲も2カ国よりも拡大させていなければ多国籍企業とはいえないという見解も示されている。(加納拡和)

脱成熟 〔dematurity〕 だつせいじゅく

中核となる既存事業の成長が鈍化した際，成長軌道に再び乗せるための戦略である。脱成熟には①新事業の開発による事業構造の転換，②新製品，新事業システムによる成熟事業の再活性化と2つの手段がある。脱成熟は長期間にわたる数多くの意思決定と行動の流れの結果であり，以下の4つの段階で成り立つ。①成熟の認識：主力事業が成熟した，あるいは成熟が間近に迫っていることを認識する，②戦略的学習：既存のパラダイムと異なる行動，新事業への進出を開始・継続する，③戦略の再構築：戦略的学習を通じて，徐々に明確な戦略が浮かび上がる，④変化の拡大再生産：新たな成長軌道の中で自信に溢れた戦略を展開し，新たな戦略的方向性が定着する。 (古田成志)

超過利潤 〔excess profits〕 ちょうかりじゅん

　レントとも呼ばれ，標準以上の利潤（利益）のことを指す。経営戦略
論では，レントの獲得が重要なテーマになっている。レントが生じる理
由は，複数存在する。①リカード的レントは，生産要素の**希少性**（資源
の希少性）からもたらされる超過利潤で，**リソース・ベースト・ビュー**と
密接に関連している。例えば，地理的ロケーション，複雑な組織ルー
ティン，評判といった希少な資源によって，このレントは獲得され長期
間持続する。②シュンペーター的レントは，**イノベーション**の導入によ
り発生する超過利潤である。この超過利潤は，他社に模倣されるまで
（比較的短期間）獲得することができる。③独占レントは，産業や市場で
独占的な地位を占める企業が得られる超過利潤である。独占レントは独
占企業が供給量を操作し，高い価格をつけることにより発生する。

（久保亮一）

デファクトスタンダード 〔de facto standard〕 でふぁくとすたんだーど

　ISO（international organization for standardization：国際標準化機構）などの
公的な標準化機関が合議で定めた標準規格（de jure standard）ではなく，
市場での競争に打ち勝つことで結果的に広く採用されるようになった
「事実上の標準規格」のことをいう。コンピュータ関連分野で主に使わ
れてきた用語ではあるが，今日では，商品やサービスなどについても使
われている。デファクトスタンダードの顕著な特徴は，例えば
Microsoft が Windows や Office などで規格争いに打ち勝ってデファクト
スタンダードを獲得した事例が示しているように，獲得した企業が莫大
な利益を得られることにある。

（岸眞理子）

同質性 〔homogeneity〕 どうしつせい

　企業戦略の１つに，同質性を追求する同質化戦略がある。チャレン
ジャー企業によって打ち出された**差別化**戦略に対して，競争的地位の高
いリーダー企業が，同様のサービス・商品等を提供し，チャレンジャー
企業の差別化を無力化する戦略である。なお，同質化戦略には，リー
ダー企業がチャレンジャー企業と同様のサービス・商品等を提供する
「完全同質化」と，リーダー企業がチャレンジャー企業のサービス・商
品等を入念に調査・研究し，改善や改良を加えたものを市場投入する
「改善同質化」がある。

（岡田行正）

ドミナント戦略 〔dominant strategy〕 どみなんとせんりゃく

　チェーンストアの出店政策において，ある特定の地域（あるいは沿道）への出店密度を高めることによって経営の効率化を達成すると同時に，支配力を高めるという戦略のこと。コンビニエンスストアやスーパーマーケット，ファストフードやファミリーレストランの出店に見られる。コスト面では，出店密度を高めることで商品を配送する効率が高まり，巡回員も効率的に店舗を回ることができる。便益面では，出店密度を高めることで知名度が上がるだけでなく，地域の特性を理解した適切な対応がしやすくなる。コストダウンと便益向上の相乗効果によって早期の黒字化が見込める戦略である。　　　　　　　　　　　（井上達彦）

ドメイン 〔domain〕 どめいん

　自社の行う事業活動の展開領域（生存領域・事業領域）のことであり，その定義は「わが社の事業は何か」の問いに答えることである。製品についてなされる「物理的定義」では定義が狭すぎるため，市場の基本的なニーズに関連させて事業と定義する「機能的定義」へと変化した。よって，ドメインの定義は「市場」（セグメント化した顧客層）と「技術」（製品やサービスの根源となる企業がもつ中核的な能力や資源）に加え，「顧客機能」（製品やサービスが満たす顧客ニーズ）からなされる。ドメイン決定の意義には，企業の成長の方向性や可能性が開け，利害関係者の理解を促し（**ドメイン・コンセンサス**），自社の強みを認識し，経営資源配分の検討に役立つ等がある。　　　　　　　　　　　（野村千佳子）

ドメイン・コンセンサス 〔domain consensus〕 どめいん・こんせんさす

　ドメイン（事業領域）を設定するのは，製品開発と同じく自由だが，それが顧客に受け入れられるかは別の話である。実際に企業にとってドメインとして機能するのは，顧客（マーケット）が買い手として受け入れる（コンセンサスする）場合である。例えば，既存製品で新規市場に進出することは自由だが，それがビジネスとして成り立つかどうかは，新規市場で顧客が当該商品を購入してくれなくてはドメインとして実現しない。これはトンプソン（Thompson, J.D.）の造語であり，ドメインの本質を捉えるコンセプトである。　　　　　　　　　　　（大月博司）

トランスナショナル企業 〔transnational firm〕 とらんすなしょなるきぎょう

　I-R 枠組みにおける「グローバル統合」と「現地適応」に加えて「世界規模の学習」という3つの異なる要求を同時に満たす組織の理念型として，バートレット（Bartlett, C.A.）とゴシャール（Ghoshal, S.）によって考案された。トランスナショナル企業の主な特徴は，①経営資源や能力が世界規模で分散し，本社および各海外子会社が専門化している，②その上で分業を通じて各組織単位が世界的に統合されたオペレーションに貢献する，③その過程で複数拠点が共同で知識や能力を構築，共有するという3点にある。ただし，トランスナショナル企業をめぐっては，あくまでも理念型に過ぎず，実際に該当する企業が存在しないのではないかと指摘されている。
（加納拡和）

ニッチ戦略 〔niche strategy〕 にっちせんりゃく

　ニッチとは窪みの意味であり，すき間戦略とも呼ばれる。具体的には業界の大手（リーダー）が入り込めないようなすき間（小規模市場）に独自の地位を築いて，そこで売上と利益をしっかり稼ぐ方法である。大手に比べて経営資源で劣る小規模な企業がとり得る有力な戦略である。

　ニッチの作り方は色々ある。例えば，対象顧客を特定セグメントに限定する。例として男性化粧品に特化しているマンダムがある。あるいは商品をフルラインでは展開せずにスポーツカーに限定して高収益をあげているポルシェの例が挙げられる。
（内田和成）

ネットワーク外部性 〔network externality〕 ねっとわーくがいぶせい

　ネットワークを介して同じ財・サービスを消費する個人の数が増えれば増えるほど，その財・サービスから得られる便益が増加する現象を表す用語。例えば，大型百貨店と Amazon のホームページのアクセス数を比較すれば，後者の方が圧倒的に多い。これは，企業にとって1人当たりの運営コストが低いことになる一方，消費者にとってもワンストップマーケティングが実践できて利便性が高くなる。ネットワーク外部性が存在する財・サービスには，利用者の増加がさらなる増加をもたらすという効果が伴うのである。
（大月博司）

能力構築競争 〔capability-building competition〕 のうりょくこうちくきょうそう

　能力構築競争とは，企業の競争力のうち**組織能力**を重視する考え方で

あり，藤本隆宏が日本の自動車産業における世界的な競争力の源泉を説明するために用いた用語である。

　企業の競争力は大きく2つに分類して考えることができ，①製品の性能や価格といった顧客の評価による競争力（表層の競争力）の指標と②製品の製造におけるリードタイムや生産コストといった製造現場の競争力（深層の競争力）の指標で捉えることができる。

　日本の自動車産業が欧米の自動車メーカーに対して**競争優位**を獲得してきた背後には，「ジャスト・イン・タイム」や「かんばん方式」といったトヨタ生産方式に代表されるような，他社が容易に模倣することのできない深層の競争力構築が鍵となっていたと考えられる。　（相澤鈴之助）

バウンダリー・スパニング 〔boundary spanning〕 ばうんだりー・すぱにんぐ

　訳語としては境界連結と表記される。ここでいう境界とは組織内・組織間の双方が含まれるが，経営戦略の文脈では特に組織間（同一または異業種間，国境間など）を指すと考えてよい。したがって境界連結とは，組織間の多様な文化的・制度的・組織的コンテクストを横断する諸活動を統合するための調整およびコミュニケーション活動といえる。

　また，そのような活動を行う主体はバウンダリー・スパナー（boundary spanner）と呼ばれ，例えば，同一または異業種企業間のアライアンスにおける信頼（trust）の形成・維持の中心的な役割を果たしたり，**多国籍企業**における本国と海外子会社の文化的コミュニケーションの橋渡し役となっている。　（本多毅）

破壊的イノベーション 〔disruptive innovation〕 はかいてきいのべーしょん

　既存の顧客が重視する価値基準とは異なる基準において優れた製品・サービスを生み出すこと。通常は低価格，シンプル，小型で，使い勝手がよい場合が多く，主流から外れた少数の，たいていは新しい顧客に評価される特徴がある。また，これにより従来とはまったく異なる価値基準を市場にもたらし，既存大手企業の**競争優位**を変化させる。既存顧客が今まで重視してきた価値基準に従って製品の性能を高めることを意味する「持続的イノベーション」と対になる概念である。クリステンセン（Christensen, C.M.）が1997年に *Innovator's Dilemma*（邦題『イノベーションのジレンマ』）の中で提唱した。　（伊藤真一）

バリューチェーン〔value chain〕　ばりゅーちぇーん

　ポーター（Porter, M.E.）の造語であり，製品の価値は一連の経営活動のすべての局面で創造できるということを表す概念である。わが国では価値連鎖と表記されることが多い。例えば，仕入部門や設計部門等で当初の見込みより短時間で計画が達成できた場合，企業にとって時間的コスト削減によって価値創造されたことになるといえる。これは，当時の通念であった価値は製品売却後に捉えられるという見方を覆し，理論的・実践的に大きな影響を与えた。この概念によってポーターが経営戦略論の泰斗になったともいわれている。　　　　　　　　　　　（大月博司）

バリュー・ネット〔value net〕　ばりゅー・ねっと

　バリュー・ネット，あるいはバリュー・ネットワーク（value network）とは，クリステンセン（Christensen, C.M.）が提示した**イノベーション**に関する概念であり，共通するニーズを持つ顧客層と，そのニーズに合わせて価値を提供する販売業者，製造業者，部品納入業者などを含む企業グループによって構成される集合体として定義され，入れ子状の階層構造として示される。既存のバリュー・ネットにしがみつくことがイノベーションの失敗，すなわち，「**イノベーターのジレンマ**」につながる場合がある。なお，ポーター（Porter, M.E.）の**バリューチェーン**と対比して論じられることもある。　　　　　　　　　　　　　　　　　（中西晶）

範囲の経済〔economies of scope〕　はんいのけいざい

　範囲の経済は企業が複数の事業間で販売チャネル，技術，ブランド，生産設備などの経営資源を共有することである。単一事業を運営する企業が複数の事業を運営する企業へと発展する現象を説明する枠組みでもある。それぞれの事業を独立して運営するよりも，コスト面で有利になるなど経済的な事業運営を行うことができる。範囲の経済は，企業内における未利用資源を活用することに起因する。未利用資源の活用は，①結合生産物という既存事業の生産活動から副産物が出てくること，②既存事業が生み出す**情報的経営資源**（ブランド，顧客の信用，流通網など）が他の事業で使用できる際に発生する。　　　　　　　　　　（古田成志）

バンドワゴン効果〔bandwagon effect〕　ばんどわごんこうか

　同じ商品やサービスを利用する人が多ければ多いほど，自分や他の人

たちがそれを利用する傾向が強くなる現象のことをいう。アメリカの経済学者ライベンシュタイン（Leibenstein, H.）によって提唱された。バンドワゴンとはパレードの先頭を走る楽隊車のことで，パレードではこの楽隊車の後に行列がついていく様子からこの言葉が生まれた。多くの人が支持しているものだから間違いがない，流行に乗り遅れたくないという他者との同質化傾向を求める大衆心理を反映したものである。逆に，他者と同じものは利用したくない，他者とは違うものが欲しいという心理が働くことをスノッブ効果という。　　　　　　　　　　　　（四本雅人）

販売シナジー 〔sales synergy〕 はんばいしなじー

　アンゾフ（Ansoff, H.I.）が提示した4つの**シナジー効果**（①販売シナジー，②操業シナジー，③投資シナジー，④経営シナジー）の1つである。シナジー効果は，企業の経営資源を組み合わせることで単なる総和よりも高い利益を生み出すことができる効果を指す。販売シナジーは，複数の製品において共通の流通経路，共通の販売管理組織，共通の倉庫，共通の広告や販売促進が利用できる時に発生する。販売シナジーがもたらす代表的な効果として，売上高の増大，販売員の生産性の強化，顧客満足や広告などマーケティング面の向上があげられる。　　　　（古田成志）

BOPビジネス 〔base of pyramid business〕 びーおーぴーびじねす

　低所得層をターゲットとして行われるビジネス。BOP とは base of pyramid（ピラミッドの低層）の頭文字をとったもの。世界の所得を視覚的に捉えると，富裕層を頂点に，貧困層を最下層に位置づけたピラミッドのように見える。従来はこのピラミッドの上層部をターゲットとしたビジネスが展開されてきたが，中間層や，特にボリュームの多い年間所得が 3,000 ドル未満の低層に分類される人々を対象としたビジネスを行うことにより，市場や機会を拡大できる可能性がある。また BOP 層の所得や GDP が向上することにより，将来にわたりビジネスチャンスが見込めると考えられている。特にアフリカなどの新興国に注目が集まる。　　　　　　　　　　　　　　　　　　　　　　　　　（中村暁子）

B to C 〔business to consumer〕 びー・とぅー・しー

　「business to consumer」を簡略化した言い方が B to C であり，企業（business）が消費者（consumer）に商品を販売することである。「B2C」と

表記されることもある。関連する言葉に企業間取引としての B to B がある。B to C は，消費者が企業ではなく個人であることより完成品を取り扱う場合が多く，品質よりも売り手や商品のブランドイメージが大きく影響を与える。宝飾品など高価なものもあるが，B to B と比較すると，一般的に販売単価は低い。昨今では e コマース（electronic commerce：電子商取引）において，ネット通販と呼ばれる B to C が盛んであり，フリーマーケットサービスなどによる C to C（consumer to consumer）の取引も普及している。

（粟屋仁美）

B to B 〔business to business〕 びー・とぅー・びー

　顧客が企業である企業間取引を対象とするビジネスのことをいう。顧客が最終消費者（一般消費者）である B to C とは，取引される財や顧客の購買動機が異なる。B to B における購買は，金額や量が大きくなるため，失敗のリスクを回避する傾向がある。さらに，定期的な取引が多いことからも，それまでの取引経験等によって醸成された信用や信頼に基づいて取引が行われる。また，複数の人数と階層が購買の決定に関与するため，個人の嗜好や感情的な判断ではなく，合理的，客観的で組織的な意思決定がなされる。競争環境と顧客企業の変化やグローバル化に伴い，B to B においてもマーケティングの重要性が高まっている。

（清水さゆり）

PPM 〔product portfolio management〕 ぴーぴーえむ

　1960 年代の米企業による非関連多角化（conglomerate）を背景に，BCG が開発した戦略的な資源配分のための分析枠組である。製品ライフサイクルと経験曲線といった経験則を前提として，①市場成長率（market growth rate）と②相対的市場シェア（relative market share）の高・低によって事業・製品群を，①②が共に高い「花形製品（star）」，①が低く②が高い「金のなる木（cash cow）」，①が高く②が低い「問題児（problem child）」，①②が共に低い「負け犬（dog）」の 4 つに分類する。そして異なる事業・製品群の最適な組み合わせ（portfolio）を検討し，全社的なキャッシュフローのバランス維持を図る。「金のなる木」から「問題児」へキャッシュを供給し，「問題児」を「花形製品」に，さらには「金のなる木」へと転化させていくことが良い循環とされる。

（横尾陽道）

ビジネス・エコシステム 〔business ecosystem〕 びじねす・えこしすてむ

　自社の事業運営だけでなく，市場の関係者とともに価値創造を行う体系を指す。従来のビジネス・システムの考え方は，自社内の経営資源の効果的な活用を促す仕組みに焦点が当てられる。具体的には，製品・サービスの開発に必要な技術獲得，生産体制の構築，営業スタッフの確保・教育，流通システムの構築といった要素があげられる。これらの要素に影響を及ぼす顧客，サプライヤー，政府・自治体など，多様な組織の間に相互依存関係が存在することから，ネットワークを構築し，一種の生態系を成す仕組みとして機能する。　　　　　　　　　　（大沼沙樹）

ビジネスモデル 〔business model〕 びじねすもでる

　ビジネスモデルとは，どのような顧客に，何の価値をどのように届け，いかにして利益を獲得するかを論理的に描き出したものである。一般には「儲けの仕組み」と理解されており，狭くマネタイズの方法，つまり物販収入か月額利用料かという課金方法だけが注目されることもある。しかし課金方法を工夫すると同時に，価値を創造して顧客が求めるものを提供できていなければならない。それゆえトータルな仕組みとして，経営資源やパートナーとの協業（価値の創造），顧客との関係性やチャネル（価値の提供），そしてコスト構造や利益獲得の方法（価値の獲得）を設計すべきだとされる。　　　　　　　　　　　　　　（井上達彦）

ビジョナリー・カンパニー 〔visionary company〕 びじょなりー・かんぱにー

　コリンズ（Collins, J.C.）らによる1994年からの一連の著作の邦題であり，同著者による概念。ビジョンを持ち，未来志向かつ先見的（ビジョナリー）であり，業界で卓越しており，同業他社から広く尊敬を集め，大きなインパクトを世界に与え続けてきた企業のこと。さらに，CEOが世代交代しており，当初の主力製品・サービスのライフサイクルを超えて繁栄して，1950年以前に設立されているか設立後50年を経過しているといった基準も設けられている。いわば永続する偉大な企業という意味で用いられる。コリンズらは永続する偉大な企業群を経時的に分析し，その共通点について解明しようと試みた。　　　　　　（寺本直城）

ビジョン 〔vision〕 びじょん

　ビジョンとは，企業内外に対して表明される，企業が追求する「こう

「ありたい」という未来像のことを指す。ビジョンは詳細かつ具体的な内容は持たない抽象的かつ理想的なものだが，だからこそ従業員を方向づけ，鼓舞する機能を果たす。

　ドラッカー（Drucker, P.F.）は優れた企業のあり方として，「ミッション，ビジョン，バリュー（value）を共有できていること」をあげている。ミッションは「自社が果たすべき使命」を，バリューは「従業員が共有し実践すべき価値観」を指す。ミッションを定めることで自社のあるべき姿，なすべき使命を明確にし，ミッションが実現された未来像としてビジョンを描き，これらを実現するためにバリューに基づき実践する，という関係性となる。　　　　　　　　　　　　　　　　　　（真木圭亮）

PIMS 〔profit impact of market strategy〕 ぴむす

　PIMS とは市場戦略が収益に与える影響を意味し，事業の多角化が進んだ大企業が有効な市場戦略を展開すべく，市場戦略と収益性との関係性を明らかにする一連の研究プロジェクトまたはその研究から得られた分析モデルを指す。PIMS は 1960 年代に開始された GE 社内での PROM（profit optimizing model）プロジェクトを，ハーバード・ビジネス・スクールが引き継ぐ形で 1970 年から始まった。PIMS の主たる成果の 1 つは市場シェアと ROI（投資収益率）との間に正の相関関係があることを定量的に実証した点にある。PIMS によれば，市場シェアに 10％の差がある場合は ROI において 5％の差が生じるというものであった（これは市場シェアが高ければ高いほど収益も高くなることを示唆する）。PIMS は有効な市場戦略を展開する上で，具体的かつ有益な情報を意思決定者に提供し得るものである。しかし，PIMS 研究対象の多くが製造業（サービス・流通業が少ない）というデータ収集の偏在や，実際に市場シェアが低くても高い収益をあげている企業も存在するなど，PIMS の限界も指摘される。　　　　　　　　　　　　　　　　　　　　　（円城寺敬浩）

ファイブ・フォース・モデル 〔five forces model〕 ふぁいぶ・ふぉーす・もでる

　ポーター（Porter, M.E.）が提唱した，業界における競争状態を明らかにするための手法である。ポーターによると業界における競争状態は，①新規参入の脅威，②既存競業業者の間の敵対関係の強さ，③代替製品からの圧力，④買い手（購入者）の交渉力，⑤売り手（供給者）の交渉力，といった 5 つの競争要因によって特徴づけられる。そして，業界の

競争状態を明らかにすることにより，業界における競争圧力の具体的な源泉や，自社の業界内でのポジションを知ることができるようになり，競争戦略を立案する際の基礎を得ることができる。さらにこのモデルは，業界の平均的なパフォーマンスのレベルを予測するためにも用いられている。

（磯山優）

付加価値 〔added value／value added〕 ふかかち

生産や流通などの過程で新たに加えられた価値である。付加価値は，企業活動の成果を示す指標となり得る。一国全体で創出された付加価値を合計した場合は，生産国民所得となる。

付加価値の計算法には，控除法と加算法などがある。控除法は，企業の売上高から他の企業などが生み出した付加価値を差し引いて求める方法である。加算法は，付加価値項目を加算して求める方法である。なお，両方法には，減価償却費を付加価値に含める場合と含めない場合がある。

（竹之内玲子）

不確実性 〔uncertainty〕 ふかくじつせい

対象としている事象が，不完全または不明な情報を含んでいる状況を指している。経済学としては，ナイト（Knight, F.）が，1920 年代に著書 *Risk, Uncertainty and Profit*（邦題『危険・不確実性および利潤』）で提示した概念。この理論によれば，意思決定者は，目的を達成するため，その目的を達成できるか，社会や自然の状況を正確に予測しつつ，その目的になる数値がどのくらいになるかを評価して意思決定を行う。その社会や自然の状況を，確率によって計算できる「**リスク**」と確率的に計算できない「不確実性」に区分して定義づけた。この理論は，現在の意思決定理論の基礎になっている。

（田村泰一）

部分最適 〔partical optimization／suboptimization〕 ぶぶんさいてき

部分最適とは，組織やシステムの各部分において最適化を図ることである。それに対して，**全体最適**とは，組織やシステム全体における最適化を図ることである。部分最適と全体最適は常に相反する概念ではないが，各部分において部分最適を図ることは必ずしも全体最適となるわけではない。

この関係の例として，生産現場における改善がある。生産現場におけ

る工程を各部分へと細分化し，各部分において改善（例えば，コスト削減）を進めることが，全体における改善へつながるとは限らないのである。

（竹之内玲子）

プラットフォーム〔platform〕 ぷらっとふぉーむ

　プラットフォームには製品間で共有される基本要素を指す場合と，商品や情報の交換の仕組みを指す場合がある。前者のタイプは製品プラットフォームと呼ばれている。それは，複数製品間で共有される主要部品のシステムであり，効率的な製品多様化を可能にする。なお製品間の共有が企業内に限定されている場合は技術プラットフォーム，業界レベルに広がっている場合は業界プラットフォームと呼ばれている。後者のタイプは2つに分かれる。その1つが取引（transaction）プラットフォームであり，商品の買い手と売り手，または情報提供者と受信者に交換の場を提供する。もう1つが，革新（innovation）プラットフォームであり，外部の開発者が補完品を円滑に開発できる基盤を提供する。また両者の特徴を備えたものをハイブリッド（hybrid）プラットフォームという。

（玉井健一）

ブランド〔brand〕 ぶらんど

　ブランドとは企業と消費者の約束（信用関係）を意味する。ブランドを一旦確立すると様々なメリットがある。例えばユーザーがロイヤルカスタマー化し，競合製品ではなく自社製品を優先的に購入してくれる。あるいは他社製品よりプレミアムを払ってくれるようになる。ブランド力のある製品は小売店などの流通も積極的に扱ってくれるというメリットもある。一方で一旦消費者の信頼を失うと，あっという間に価値がなくなり，場合によってはマイナスになってしまうこともある。マス広告などを通じて企業のイメージアップが容易にできた時代に比べて，消費者がSNSなどの口コミ情報を重視する現在では，企業側の思惑だけでブランドを形成するのは難しく，ブランド戦略は難易度を増している。

（内田和成）

ブランド戦略〔brand strategy〕 ぶらんどせんりゃく

　企業や組織が特定の製品やサービスに対して消費者にポジティブな共通のイメージを持ってもらい，競合とは差別化された独自の価値を感じ

てもらうことをブランディング（branding）という。そのブランディングを長期的に遂行する計画がブランド戦略である。このように消費者に特定のブランドに共感してもらい，ブランド価値とイメージを高めるためには，マーケティング施策は重要ではあるが，それだけでは十分ではない。そこには，経営トップから末端の従業員に至るまで，高い意識を持った行動が求められる。それゆえ，ブランド戦略では，目的を明確にし，ブランドの一貫性を保ち，消費者の感性に訴え，従業員を巻き込んでいくことが重要となる。　　　　　　　　　　　　　　　　　　　　（増田靖）

VRIO 〔value, rarity, inimitability, organization〕 ぶりお

　リソース・ベースト・ビューをもとにバーニー（Barney, J.B.）が示した企業の内部分析に用いる分析枠組みであり，ある経営資源や**ケイパビリ**ティに関する競争上のポテンシャルを評価する際に検討を加える4つの特性（問い）の頭字語である。①value（業績に貢献し得る「**経済的価値**」の有無），②rarity（ごくわずかな企業のみが保有，統制し得る「**希少性**」の有無），③inimitability（独自の歴史的条件（unique historical conditions），因果関係不明性（causal ambiguity），社会的複雑性（social complexity），特許（patents）によって他社の模倣コストが高くなる「**模倣困難性**」の有無），④organization（経営資源等の活用を支える「**組織**」の方針や体制の有無）を統合的に検討することで，想定される競争力の属性（優位，均衡，劣位等）や強み・弱みを把握していく。　　　　　　　　　　　　　　　　　　　　（横尾陽道）

ブルー・オーシャン 〔blue ocean〕 ぶるー・おーしゃん

　ブルー・オーシャンとは，新たに創り出された，競争も競争相手も存在しない未開拓の市場を意味しており，既存市場で競争相手と戦って**競争優位**を獲得するといったレッド・オーシャンとは対照的な概念である。ブルー・オーシャンは①全く新しい市場を見つけ出すか，②既存ビジネスの境界を広げるなど進化させることによって生み出すことができる。また，未知でそれまでに認識されていない市場であるからこそ，高収入と高成長が期待できる市場でもある。　　　　　　　　　　　　（金倫廷）

ブルー・オーシャン戦略 〔blue ocean strategy〕 ぶるー・おーしゃんせんりゃく

　INSEAD の教授のキム（Kim, W.C.）とモボルニュ（Mauborgne, R.）が2005 年に提唱した理論。既知の市場空間で，競争のルールも既知で競

争が激しい市場をレッド・オーシャン（血潮に染まった海）とし，競争相
手の存在しない未開拓のブルー・オーシャンに進出し，新たに需要を掘
り起こそうとするのがブルー・オーシャン戦略である。買い手や自社に
とっての価値を大幅に高め，競争のない未知の市場空間を開拓すること
によって，競争を無意味にする。競争を前提として競争戦略の低コスト
か**差別化**かの二者択一ではなく，コストを押し下げながら，買い手に
とっての価値を高めるバリュー・イノベーションがこの戦略の土台とな
る。
（野村千佳子）

プロセス型戦略　〔process strategy〕　ぷろせすがたせんりゃく

　企業の諸活動の結果として事後的に達成された企業目標への道筋を論
理的に説明したものを指す。経営戦略は企業行動の事前計画という側面
があり，企業目標とその実現への道筋を外部環境と内部経営資源に関連
づけてロジカルに描かれている。一方で，実際の経営現象を観察する
と，経営戦略が計画の遂行プロセスで状況に応じて創発的に形成されて
いる側面もある。特に不確実な状況下では，当初の計画とは異なった意
図しない企業行動が遂行され，試行錯誤の結果として効果的な戦略が創
出され，成果に結びついている。したがって，プロセス型戦略は組織内
部における戦略形成プロセスのマネジメントが重要になる。　（寺畑正英）

ベストプラクティス　〔best practice〕　べすとぷらくてぃす

　業界最高水準の取り組みのこと。ゼネラル・エレクトリック（GE）の
ウェルチ（Welch, J.）が実施した，成功した他社の実践から学ぶというプ
ログラムが源流である。しかしベストプラクティスを模倣することは企
業の文化に適合しない場合がある。またベストプラクティスは慣行化し
やすく，成功体験が新たな取り組みの足かせとなること，企業の外部環
境の変化に対応しにくいとの批判もある。業界最高水準の取り組みを表
す事例として，『エクセレント・カンパニー』やマルコム・ボルドリッ
ジ国家品質賞などがある。
（谷藤真琴）

ベンチマーク　〔benchmark〕　べんちまーく

　競争環境の変化に柔軟に対応するために，**ベストプラクティス**（業界最
高水準）の取り組みを調査し，自社と比較することによってギャップを
見出し，継続的に業務改善を図るために設定する指標のこと。この指標

は，製品やサービスそのものだけではなく，その開発プロセス，経営管理手法，各種戦略の策定なども対象となる。特に，ベンチマークの具体的な項目および対象企業の選定，それに基づく業務改善の進め方が極めて重要で，最終的にベンチマークを達成するための活動であるベンチマーキングを組織の学習プロセスの中に定着させることが求められる。

（石田修一）

ペンローズ効果 〔Penrose effect〕 ぺんろーずこうか

　ペンローズ（Penrose, E.T.）によって提起されたペンローズ効果とは，企業の成長率に対する経営陣の管理能力がもたらす制約を指す。経営陣の管理能力は，経営陣という資源によってもたらされる。この資源はその企業に特殊なもので，汎用の生産設備のように企業外部から調達できるというのではない。かくして，企業の成長のために経営陣の能力を最大限使用すると仮定するならば，長期にわたり一定の成長率を維持するためには，拡張に利用し得る経営陣の管理能力が増加することが必要である。すなわち，経営陣の管理能力がどの程度利用可能かということによって，企業の成長率が制限されるという不可避の限界である。

（黄雅雯）

報酬戦略 〔compensation strategy〕 ほうしゅうせんりゃく

　戦略的報酬（strategic compensation／rewards）ともいい，**戦略的人材マネジメント**のサブシステムと考えられる。人材をひきつけ，保持し，様々な部署や個々の人材の努力が，組織の戦略的目標の達成につながるように報酬システムを活用することである。報酬には，金銭などの直接的報酬（direct compensation／pay）と福利厚生などの間接的報酬（indirect compensation／pay or benefits）がある。内的な人件費の制約や外的な競合他社の水準や市場相場との比較の中で，組織の戦略的目標の達成を人材面から強固なものにするように，報酬の水準と組み合わせを選択するのである。

（日詰慎一郎）

ホールドアップ 〔hold-up／hold-up problem〕 ほーるどあっぷ

　不完全な契約（不完備契約）の下で相手先に向けた生産設備などの取引特殊的資産（transaction specific asset）を確保した後，不利益な条件を押しつけられることをいう。取引特殊的資産は他企業に転用ができない**埋**

没費用となるため，値下げなどの不本意な要求を強いられてしまうと受けざるを得なくなる。また，逆の場合も存在する。技術やノウハウなどを蓄積した取引相手と契約を解除した場合，自社が求める水準の特殊的資産を保有する相手を見つけることが困難であるため，不利な条件を求められると受け入れざるを得ない。ホールドアップ問題は主に不完備契約と資産の特殊性が共存した提携において生じるものである。(榊原一也)

補完企業 〔complementor〕 ほかんきぎょう

　補完財・サービスを供給する企業のこと。補完財・サービスとは，ある財・サービスと同時に利用されることでそれぞれの財・サービスから得られる効用が，単独で利用された時よりも増大する財・サービスを指す。例えば，スマートフォンとアプリ，ビデオゲーム機本体とゲームソフトウェア，車とガソリン，ワインとチーズなどである。ある財・サービスについて，特定の財・サービスが存在しないと機能しない場合，それを単一補完性（unique complementarities）と呼ぶ。　　　　　　(山野井順一)

補完財 〔complementary goods〕 ほかんざい

　製品やサービスが相互に補完し合うことで効用が満たされたり，高まる財のことをいう。ある製品やサービスの価格の変化が他の製品やサービスの需要に及ぼす度合いのことを交差弾力性という。この交差弾力性が負の状況，すなわち，片方の財の価格が上昇すると，もう片方の財の需要が減少する関係にある財のことをいう。スマートフォンに対するスマートフォンカバー，インクジェットプリンターに対するインクカートリッジ，鉛筆に対する消しゴムなどを例としてあげることができる。これに対し，交差弾力性が正の状況にある財を**代替財**と呼ぶ。　　　(牛丸元)

ボストン コンサルティング グループ (BCG) 〔Boston Consulting Group〕 ほすとん こんさるてぃんぐぐるーぷ

　1963年にヘンダーソン（Henderson, B.）によって設立されたコンサルティング会社。**経験曲線**，PPMやタイムベース競争戦略等の戦略概念を開発してきた。1966年に日本的経営の研究で著名なアベグレン（Abegglen, J.）らによって東京事務所が設立され，日本に最初に進出したアメリカのコンサルティング会社となった。　　　　　　(野村千佳子)

マーケティング近視眼〔marketing myopia〕 まーけてぃんぐきんしがん

　レビット（Levitt, T.）が 1960 年に発表した概念である。レビットは，当時テレビの登場により危機的状況にあった映画会社を例に，映画会社の事業は映画制作と定義し，エンターテイメント（娯楽）の提供とは考えなかったために衰退したと指摘した。現在，映画会社であるウォルト・ディズニー・カンパニーやユニバーサル・ピクチャーズでは映画制作にとどまらず，娯楽としてのテーマパーク事業も手がけている。事業の定義は重要である。環境の変化に気づかずに，従来の枠にとらわれてしまうと衰退する。また，これにより「良い製品を作れば売れる」という製品中心のアプローチとは視点が異なる顧客中心のアプローチが広がるきっかけとなった。

（遠藤雄一）

マーケティング戦略〔marketing strategy〕 まーけてぃんぐせんりゃく

　マーケティングとは，市場の創造と拡大のための企業活動，またはその活動の総称といえる。それを企業の**ドメイン**と経営戦略に適合させた製品やサービスの提供，およびそれの販促に寄与するすべての活動の組み合わせから検討する。「いつ」，「どこで」，「誰に」，「どのように」，そして「どのような」製品やサービスを提供するのか，消費者にそれらの情報を効果的に伝達できるのか。企業側の視点である **4P**（product, price, place, promotion），消費者側の視点である **4C**（customer value, cost, convenience, communication），**STP**（segmentation, targeting, positioning）分析，**SWOT 分析**などといった視点からマーケティング戦略を立案する。

（遠藤雄一）

マーケティング・ミックス〔marketing mix〕 まーけてぃんぐ・みっくす

　標的顧客のニーズに適うようにマーケティング諸手段を組み合わせていくことを指す。マーケティング手段は，製品（product），価格（price），販売チャネル（place），プロモーション（promotion）の 4 つの P で考えることがよく知られているが，サービスの場合は，さらに人（people），プロセス（process），物的根拠（physical evidence）を加えた 7 つの P で考えることもある。高い効果を生み出すには，標的顧客選択やポジショニング選択の方針に沿った組み合わせであること，マーケティング手段の間に矛盾がなく整合性があることなどが条件になる。例えば，ターゲットを高所得層に絞り込むのならば，プレミア感のある製品を志向し，さら

に，そうした製品に見合ったチャネル選択やプロモーション方法を展開する必要があるなどといったことである。　　　　　　　　　　　　（伊藤友章）

埋没費用〔sunk cost〕　まいぼつひよう

　埋没費用とは，過去に費やし，将来的に回収することができない費用のことを指す。例えば鉄道会社がある路線を廃止する時，鉄道会社はその路線に用いていた土地を売却するが，その土地の売却価格が購入価格を下回る場合，その差分を回収できない埋没費用と考える。

　前述の通り，埋没費用はもはや回収できない費用であり，意思決定の際に考慮すべきではないが，埋没費用を考慮した結果として非合理的な意思決定をしてしまうことを埋没費用の誤謬（sunk cost fallacy）と呼ぶ。これについて鉄道会社の事例を用いて説明すると，ある路線を営むために土地を購入するなど大規模な投資をしてしまっているため，その路線が赤字路線であり黒字転換は不可能だとわかっていても継続してしまうといった行動を意味する。　　　　　　　　　　　　　　　（真木圭亮）

見えざる資産〔invisible asset〕　みえざるしさん

　企業が持つ技術・ノウハウ，ブランド，信用，組織風土等，財務諸表上には計上されないが，企業の**競争優位**にとって重要な「もの」や「こと」。資源ベース・モデルと基本的な発想は同じであり，伊丹敬之が『新・経営戦略の論理』の中で示し一般に流布した。ただしこの言葉は大王製紙元副社長井川高雄の造語とされる。インタンジブルズ，IC（intellectual capital）等も，同様の意味・内容の言葉。　　　　　（藤田誠）

ミッション〔mission〕　みっしょん

　経営分野における最も一般的な意味は，その企業が果たすべき使命のことであり，その企業の存在意義のことである。換言すれば，その企業が何のために存在し，何を実現するために活動しているのかを示す中核的な概念のことだといえよう。このことは，当初missionという言葉が，イエズス会においてキリスト教伝道という使命のための宣教師派遣を意味していたことに通じる側面がある。その後，missionは軍事用語として，任務や飛行命令の意味で使われるようにもなったことから，狭義には，企業のメンバーやプロジェクトに課された，特定目的を遂行する任務を指す場合もある。　　　　　　　　　　　　　　　　（小川長）

模倣困難 〔inimitability〕 もほうこんなん

　模倣困難とは，ある企業の戦略行動等を競合他社が真似できない状況のことであり，他社の参入・追従を許さない障壁が存在したり，他社が真似したくない要素があることで，模倣困難性が高まる。とりわけ，**リソース・ベースト・ビュー**の研究では，強みとなる経営資源を保有する企業に比べ，その経営資源を保有していない企業が，それを獲得・開発する際にコスト上の不利を被る場合に，模倣困難性が高いと捉える。経営資源の模倣は，以下の2つの方法で行われる。①模倣しようとする企業が，他社の強みとなっている経営資源を，直接そのまま複製する場合。②模倣しようとする企業が，他社の強みとなっている経営資源を，別の経営資源で代替する場合。　　　　　　　　　　　　　　　　（星和樹）

モラルハザード 〔moral hazard〕 もらるはざーど

　モラルハザードは元来保険業の用語であり，「倫理の欠如」といった意味で用いられることもある。通常経営学では，**情報の非対称性**（片方のみが知り得る情報や専門的知識が存在する状態）に基づくエージェントの行動により，エージェントとプリンシパルの間での効率的な資源分配が妨げられている状態を指す。しばしば例としてあげられるのは，株主（プリンシパル）と経営者（エージェント）間で，経営者が重要な情報を株主に知らせることなく自分たちに有利になるように資源を配分したりすることである。また，提携する際に意図的に自社に有利な情報，もしくは相手にとって不利な情報を隠して交渉を有利に進めることもモラルハザードの一形態である。　　　　　　　　　　　　　　　　（磯山優）

4P 〔product, price, place, promotion〕 よんぴー

　企業が商品やサービスを販売するために必要となるマーケティング要素を組み合せた枠組みを**マーケティング・ミックス**と呼び，その要素である，product（製品），price（価格），place（場所），promotion（広告宣伝）の頭文字Pの4つを略称したもの。マーケティングを行う際に4Pの観点から比較・分析をすることによって，その製品の強みや弱みを明らかにすることができるため，実践的な枠組みともいえる。　　　　（大月博司）

リアルオプション 〔real option〕 りあるおぷしょん

　経済主体が，ある特定の意思決定について将来に関する確定的な情報

を得た後にその意思決定を自身にとって有利なように変更できる権利である。具体的には，投資決定の延期ができる延期オプション，より価値があると判明した段階で投資を拡大できる成長オプション，より価値があると判明した段階で事業の継続を決定できる閉鎖・再開オプションなどがある。

（山野井順一）

リスク〔risk〕りすく

　意思決定主体が何らかの選択を行うことによって発生する損失の可能性を指す。経済学では，ある事象が発生する客観的な確率が存在する場合を指し，客観的な確率を付与することができない場合を**不確実性**と呼ぶ。リスクは定量化が可能なため，マネジメントが可能であると考えられている。経営現象においても，リスクを分散するために行われている企業行動が取り上げられる。その代表例が**多角化戦略**である。企業が単一の事業に依存すると経営上のリスクが大きくなるため，複数事業を手がけることによって，売上高や利益の変動を平準化するといった戦略がとられる。

（寺畑正英）

リソース・ベースト・ビュー（RBV）〔resource based view〕
りそーす・べーすと・びゅー

　代表的な競争戦略アプローチの1つであり，**SWOT分析**における自社分析（資源の強み・弱み）を重視している。経営資源の中でも特に「**見えざる資産**」として人が創り出し，学習・蓄積する**情報的経営資源**（経験，ノウハウなど）による知識創造を通じた持続的**競争優位**の構築を目指すという考え方である。また，この考え方は人的資源重視の日本企業の経営と共鳴する部分が多い。

　一方，リソース・ベースト・ビュー生成のきっかけとなったバーニー（Barney, J.B.）などの経済学者の観点からは，企業の**超過利潤**の源泉が，情報的経営資源が急激に供給量を増やせずにボトルネック化するという市場の不完全性に求められ，その意味で経営資源の持つ重要性が指摘されている。

（本多毅）

レント〔rent〕れんと

　地代を語源とし，一般的には市場競争から得られる標準的な利潤を超えた部分の利潤を意味する。質が高く供給が非弾力的な生産要素（肥沃

な土地）の保有によって資源の所有者（地主）は特別な利潤（レント）を持続的に獲得できるという古典派経済学のリカード（Ricardo, D.）の説（リカード的レント（Ricardian rents））が，企業独自の経営資源に**競争優位**の源泉を見出す**リソース・ベースト・ビュー**の根底にある。その他，経営戦略に関わるレントの概念として，市場集中度の高い産業における意図的な生産量抑制等によって生じる独占レント（monopoly rents），**イノベーション**の導入から普及までの期間に革新者が獲得する企業家レント（entrepreneurial rents），特定の提携パートナーとの特異な協働から生じる関係レント（relational rents）等がある。　　　　　　　　　　（横尾陽道）

ロックイン効果 〔lock-in effect〕 ろっくいんこうか

　あるメーカーの製品を使っているユーザーが，製品を買い換える際に同じメーカーの製品を選び，そのメーカーの製品やサービスとの関係が継続的に維持されることをいう。もし，別のメーカーの製品やサービスを購入すれば，使い方に慣れる手間がかかったり，関連するものまで買い換える出費が必要になったりする（これらを**スイッチングコスト**という）。それを避けるために，ユーザーは同じメーカーの製品やサービスを繰り返し選択するという状況が生まれるのである。例えば，パソコンで Windows ユーザーは Windows の機種を，Mac ユーザーは Apple の機種を買い続けるのは，このロックイン効果の影響の１つである。

　　　　　　　　　　　　　　　　　　　　　　　　　　　　（四本雅人）

理論モデル篇

成長戦略モデル

〔growth strategy model〕

　成長戦略の主要なモデルとして，グレイナーとペンローズのモデルをそれぞれ説明する。

グレイナーの企業成長モデル

　グレイナー（Greiner, L.E.）は組織の年齢と規模を組織の成長・発展を規定する次元とみなし，5つの成長段階から構成される組織成長・発展モデルを示した。そして，図1で示しているように，各成長段階においては，最も有効的なマネジメント・スタイルが違うため，①創造性（creativity）による成長，②指揮（direction）による成長，③権限委譲（delegation）による成長，④調整（coordination）による成長，⑤協働（collaboration）による成長，とそれぞれ特徴づけられる。

　こうした成長段階がそれぞれ，①リーダーシップ（leadership）の危機，②自律性（autonomy）の危機，③コントロール（control）の危機，④形式主義（red tape）の危機，という異なる内容の危機によって分断される。このように，組織は時間の経過とともに，上記の5つの成長段階を通じて順調な成長期と危機的状況を繰り返しながら成長していくとされている。

　また，成長段階が進むにつれ，経営の焦点，組織構造，トップマネジメントのスタイル，コントロール・システム，経営報酬への力点がそれぞれ変化することも指摘されている。こうして，グレイナーモデルによれば，各段階の成長過程に内在するものに起因する危機を乗り切ることに成功した場合，次の成長段階に移行する。さらに，経営の焦点や組織構造などの項目に分けて各成長段階におい

図1　グレイナーの組織成長・発展モデル

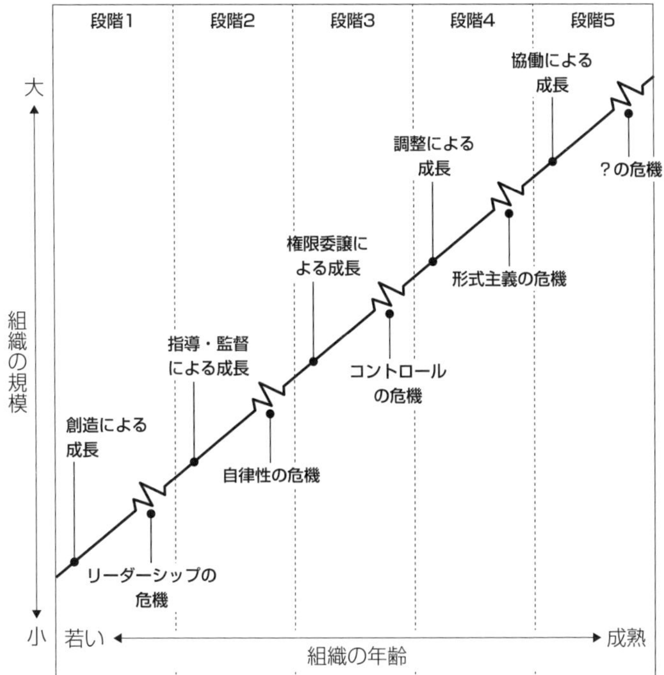

理論モデル

	段階1	段階2	段階3	段階4	段階5
経営の焦点	製造と販売	業務の効率化	市場の拡大	組織の結合	問題解決と革新
組織構造	非公式	集権的かつ職能部制	分権的かつ地域別構造	ライン・スタッフと製品グループ	チーム，マトリックス
トップマネジメントのスタイル	個人主義型かつ企業家型	指揮型	委譲型	目付役型	参加型
コントロール・システム	市場成果	標準とコスト・コントロール	報告とプロフィット・センター	計画と投資センター	互恵的目標設定
経営報酬の力点	所有	給与と成果配分主義	個人ボーナス	利益配分と持株制度	チーム・ボーナス

出所：Greiner (1972) p.41, 45をベースに筆者作成

て**戦略的変革**を実現すべき内容も提示している。

ペンローズの企業成長モデル

　伝統的企業理論において，企業は利潤が極大化される最適生産量で生産活動を行うとされるため，利潤極大を目指す**企業成長**モデルが検討されてきた。すなわち，利潤が極大化し得る点が企業の最適生産規模であり，企業成長の到達点となろう。これに対して，ペンローズ（Penrose, E.T.）[1914-1996]は企業を生産資源の集合体と捉え，生産資源利用における経営者の役割に注目した。

　1959年に刊行されたペンローズの *The Theory of the Growth of the Firm*（邦題『企業成長の理論』）は企業成長論のパイオニアと位置づけられる。ペンローズによれば，企業の成長は，未利用資源を活用しようとする企業の行動によって引き起こされる動的プロセスとされる。また，未利用資源の活用を誘発する要因となるのが，知識の増大である。知識の増大はそれらの資源をより有利に活かす方法を探すことによって，さらなる拡張の誘因を生む。とりわけ，経営者の知識が蓄積すれば，外的環境に対する認識も変わり，新たな成長が追求されるようになる。このように，ペンローズは経営者が知覚し活用できる成長の機を「事業機会」（productive opportunity）と呼び，この事業機会はかなりの部分，経営者の資質と能力に依存すると主張する。

　また，ペンローズが①経営者の能力，②製品あるいは要素市場，③**不確実性**とリスク，という3つの側面から企業成長の限界を説明しているように，経営者資源の不足により企業成長が制約されることを明らかにした。このように経営者能力が拡張の誘因と成長率の限界の両方を引き起こし得ることを「**ペンローズ効果**」と呼んでいる。

　言い換えると，成長プロセスの中で経営者は知識や経験が増加することによって，新たな成長の可能性が開かれ，さらなる企業成長が追求されるようになる。そして，成長が計画され実行されると経営者資源が必要とされるため，次期の成長のために回せる経営者資源の量が制限される。ただし，成長の計画が完成し，運営段階に入ると，計画立案プロセスに吸収されていた経営者資源は徐々に解放され，次の計画立案に利用できるようになる。

　このように，ペンローズが『企業成長の理論』において提示した企業の成長を誘発する要因は，企業の持続的成長を理解するためにも有効な視点となろう。

■ 参考文献

Greiner, L.E.（1972）Evolution and Revolution as Organizations Grow. *Harvard Business Review*, July-August: 37-46.

Penrose, E.（1995）*The Theory of the Growth of the Firm*, 3rd ed. Oxford University Press.（日高千景訳『企業成長の理論【第三版】』ダイヤモンド社，2010年）

（黄雅雯）

Keyword

企業成長　事業機会　成長戦略　成長段階　不確実性　ペンローズ効果 リスク
グレイナー　ペンローズ

理論モデル

ポジショニング・モデル
〔positioning view model〕

　ポジショニング理論はポーター（Porter, M.E.）〔1947-〕を中心に1980 年代から 1990 年代にかけて経営学において確立された理論体系である。ポジショニング理論は業界内の位置づけ（ポジション）によって平均的な収益性が異なることに注目して，収益性の高いポジションを獲得することを戦略上の優先事項としている。

　ポジショニング理論の学問的なバックグラウンドは，経済学の産業組織論における SCP モデルにある。そのため，ポジショニング理論も SCP モデルと同様に産業構造がパフォーマンスに影響を与えている点に注目して戦略立案を推奨している。

　ポーターはポジショニング理論を確立させていくに当たって，5 つの競争要因を分析することで業界や業界内セグメントの平均的な収益性を明らかにすることができる，と主張した。この**ファイブ・フォース分析**などとも呼ばれる 5 つの競争要因の分析は，業界内の競争を中心に，新規参入の脅威，代替製品の脅威，顧客の交渉力，サプライヤーの交渉力，を分析することで自社が立脚するポジションの魅力度を明らかにしようとするものである。基本的な考え方としては，競争が激しければ魅力度が低下し，市場規模や需要に対して競争が激しくなければ魅力度が高いものと判定される。

　ポジショニング理論に基づいて戦略を立案する際には，戦略的ポジショニングと業務効果の観点から考える必要がある。戦略的ポジショニングとは 5 つの競争要因によって規定される外部要因に基づいて自社にとって最適な業界内のポジションを確立することであり，業務効果とは自社の業務を他社よりも効果的もしくは効率的に行うことを指す。

　戦略的ポジショニングでは，そのポジションの潜在的な魅力度を5つの競争誘因の分析を通じて測ることが求められる。より魅力度の高いポジショニングが実現できた場合にはより高い成果を得られると考えているためである。

　ポーターはこの戦略的ポジショニングを検討する際に，「バラエティ・ベース」,「ニーズ・ベース」,「アクセス・ベース」という3つの視点から考慮するべきであると主張している。バラエティ・ベース・ポジショニングは業界内で競合他社を含めて提供されている製品・サービスのバラエティの中でどの種類の製品・サービスを選択するかというポジショニングの視点である。ニーズ・ベース・ポジショニングは業界内に様々な形で存在する顧客のニーズに立脚したポジショニングの視点であり，アクセス・ベース・ポジショニングとは商圏などの立地や販売チャネルなどといった顧客との接点という観点からポジショニングをしていく，というものである。また，この3つのポジショニングの切り口は相互に排他的ではなく複合的に考えられるべきものである。

　自社の戦略的ポジションは業務効果の質によってそのポジションを獲得・維持したり奪われたりするということになる。業務効果の質を左右するのが価値連鎖（バリューチェーン）などの自社の活動の組み合わせである。自社の活動が戦略的ポジションと適合的であればよりポジションの獲得・維持に対して有効になるため，自社のポジションに最適化した活動設計が求められるようになる。

　ポーターの初期の議論では戦略的ポジショニングを行う際に**差別化戦略**，コスト・リーダーシップ戦略，集中戦略，という3つの基本戦略を基礎としながら戦略を構想することが推奨されていた。この基本戦略のうち，集中戦略は差別化集中戦略，コスト集中戦略などのように併存できるものだったため，基本的には差別化戦略とコ

スト・リーダーシップ戦略の2つのうちから1つを選択することが重要であると議論されていた。そして，中途半端な選択に関してはスタック・イン・ザ・ミドルと称して避けるべき意思決定だと考えられていた。

　その後，1990年代に入ると生産性のフロンティア（図1）という概念が用いられるようになり，基本戦略の位置づけが変化していく。そこでは，コストと品質のバランスにおいて基本戦略のようにどちらかを選択することを迫るのではなく，生産性のフロンティアの曲線上にさえポジショニングすれば問題がないという考え方を示すようになったため，基本戦略としての差別化戦略とコスト・リーダーシップ戦略の選択という議論は1980年代の初期の議論ほど重要ではなくなっていく。

　ポジショニング理論の貢献は経済学で既に確立されていたSCPモデルを経営学に導入して経営戦略が外部要因の分析を重視することの重要性や具体的なフレームワークを示しつつも，価値連鎖など

図1　生産性のフロンティア

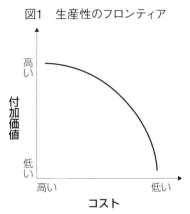

出所：Porter（1996）61-78，ダイヤモンド・ハーバード・ビジネスレビュー編集部訳，2011年，p.64より抜粋

の概念を導入して企業固有の内部要因をどのように構築するか，という バランスを適切にとっていることにある。ポジショニング理論は競争戦略というカテゴリーを構築し，長年にわたって経営戦略論に大きな影響を与えてきたといえるだろう。

■ 参考文献

Porter, M.（1996）What is Strategy?. *Harvard Business Review*, Nov-Dec: 61-78.
　　（ダイヤモンド・ハーバード・ビジネスレビュー編集部訳「戦略の本質」
　　『Diamond Harvard Business Review』2011年，p.64）

（黒澤壮史）

Keyword

SCP　コスト・リーダーシップ　差別化　収益性　集中
スタック・イン・ザ・ミドル　生産性のフロンティア
バリューチェーン（価値連鎖）　ファイブ・フォース分析　ポジショニング
ポーター

理論モデル

ブルー・オーシャン・モデル

〔blue ocean strategy business model〕

　ブルー・オーシャン・モデルは，既存の市場内で競争するという古い考え方を捨て，競争相手の存在しない新規市場を創り出すという戦略的発想である。この戦略モデルは，INSEAD のキム（Kim, W.C.）とモボルニュ（Mauborgne, R.A.）によって提唱された。キムらは，2005 年に発表した *Blue Ocean Strategy: How to Create Uncontested Market Space and Make Competition Irrelevant*（邦題『ブルー・オーシャン戦略：競争のない世界を創造する』）で新規市場を開拓するための具体的かつ体系的な方法を提示し，数多くの事例を紹介している。

　キムとモボルニュは，ビジネスの世界を表すためにレッド・オーシャン（red ocean）とブルー・オーシャン（blue ocean）という用語を創り出した。ブルー・オーシャン・モデルを理解するには，ビジネスの世界にレッド・オーシャンとブルー・オーシャンが存在していることを知っておく必要がある。まず，レッド・オーシャンとは，現存するあらゆる業界や市場のことであり，そこでは市場の枠組みと境界が明確に定義され，競争のルールも広く知れ渡っている。それゆえ，レッド・オーシャンにいるすべてのプレーヤーには，ライバルよりも大きなシェアを獲得することが求められ，熾烈な競争は海を血のように赤く染める。このことからパイの奪い合いを前提とする既存市場はレッド・オーシャンと称される。一方でブルー・オーシャンとは，まだ存在しない市場や産業，つまり未開拓で競争のない未知の市場を指している。このブルー・オーシャンは，企業が自ら創り出さなければならない市場ではあるが，高い収益性と成長性が期待される広大かつ強力な多くのチャンスのある市場であ

る。

　言い換えれば，レッド・オーシャン戦略は，いわゆる**競争優位**の戦略論が想定していたゼロサムの世界，一定の業界構造と枠組みの中で競争せざるを得ないという前提に立っている。したがって，レッド・オーシャンでは，ライバルが増えるにつれて価格競争，**コモディティ化**，競争の激化などが進み，持続的な収益性と成長性を期待することはできないのである。それに対してブルー・オーシャン戦略では，競合相手に打ち勝つことではなく，競争のない新しい市場で需要を創出することに主眼が置かれる。

　ここで特に重要なのは，ブルー・オーシャン・モデルはバリュー・イノベーション（value innovation）という考え方がその根幹にあるということである。キムとモボルニュは，ブルー・オーシャン戦略は企業間の競争に関わる戦略ではなく，買い手と供給者のために新しい価値を創出すること，また価値の跳躍を重視する論理を追求していると述べており，これをバリュー・イノベーションと呼ぶ。要するに，一般にブルー・オーシャンという用語は競争のない市場もしくは事業として理解されていることが多いが，バリュー・イノベーションの観点からのブルー・オーシャンはただの競争のない新規市場を意味しているわけではない。

　繰り返しになるが，ブルー・オーシャン戦略の土台となるのはバリュー・イノベーションである。バリュー・イノベーションとは，価値（value）と革新（innovation）の両方に重きを置き，従来はトレードオフ関係にあるとされてきた**差別化**と低コストを同時に追求するアプローチである。つまり，バリュー・イノベーションは，単なる技術革新ではなく，買い手（顧客）と売り手（企業）の双方にとって高い価値をもたらすことである。具体的にいえば，買い手にとっての価値は製品・サービスの効用から価格を引いたものであ

り，売り手にとっての価値は商品の価格からコストを引いたものから生まれる。そのため，効用，価格，コストの全体的なシステムが整合されて初めてバリュー・イノベーションは実現される。すなわち，企業は品質を向上させると同時にコストを削減することができる。このようなバリュー・イノベーションは，差別化とコスト削減を同時実現することができるため，企業と顧客の両方にとってより高い価値を提供し，他企業との競争は無意味な市場を創出できるのである。

ブルー・オーシャンの創造方法は，①全く新しい事業領域を立ち上げること，②既存市場の境界線を押し広げることがあるとされる。前者は極めて稀な少数事例に過ぎず，ほとんどの場合は後者の方法によってブルー・オーシャンが生まれる。そこで，キムらは既存の枠組みから競争のない市場を見つけ，その市場を開拓し守っていくためのフレームワークを提案している。その中でも中核をなしているのが戦略キャンバス（strategy canvas），買い手の価値要素を再構築するための4つの行動フレームワーク（four actions framework）とそれを補完するERRC（Eliminate-Reduce-Raise-Create）グリッドである。

まず戦略キャンバスは，市場の現状把握と将来の展望を目的とする分析ツール／行動フレームワークである。戦略キャンバスの横軸は業界内のプレーヤーが注力する競争要因を，縦軸は買い手に提供される横軸の各競争要因の程度が高いか低いかを示す。そして各要因を点数化して線で結んだのが価値曲線（value curve）であり，対象市場や業界の戦略的特徴が可視化できる。このように戦略キャンバスと価値曲線を活用することで，他社の戦略と差別化できる戦略を導き出せるのである。

もう1つの代表的なツールは，4つの行動フレームワークである。

4つの行動とは，①増やす：どの要素を業界の標準より増やすべき
か，②減らす：どの要素を業界の標準より減らすべきか，③排除す
る：業界で長年競争してきたどの要素を排除すべきか，④創造す
る：業界で提供したことのないどの要素を創造すべきか，である。
このフレームワークは，買い手の新しい価値を再構築するために用
いられる。これらの問いによって顧客が真に求めるものが何かを明
らかにし，顧客のニーズに合わせた戦略立案を支援するものである。

　ERRC グリッドは，差別化と低コストを同時に追求し，価値と
コストのトレードオフの解消に役立つだけでなく，「増やす」「創造
する」に偏りがちな企業に対して「減らす」「排除する」にも目を
向けさせ，4つの行動すべてを促すものである。

　以上がブルー・オーシャン・モデルにおいて不可欠な概念，ツー
ル，フレームワークである。その他，ブルー・オーシャン戦略の策
定と実行に関わる指針，策定の際に対応するリスク要因と実行の際
に対応するリスクとその対処法が含まれる。

■ 参考文献

BLUE OCEAN STRATEGY ウェブサイト, https://www.blueoceanstrategy.com/

Kim, W.C. and R.A. Mauborgne (2005) *Blue Ocean Strategy: How to Create Uncon-tested Market Space and Make Competition Irrelevant.* Boston, MA: Harvard Business School Press.（有賀裕子訳『ブルーオーシャン戦略：競争のない世界を創造する』2005 年，ランダムハウス講談社）

（金倫廷）

Keyword

ERRC　価値曲線　競争のルール　競争優位　コモディティ化　差別化 収益性　戦略キャンバス　バリュー・イノベーション　ブルー・オーシャン レッド・オーシャン
キム　モボルニュ

（理論モデル）

資源ベースモデル

〔resource based view model〕

資源ベースモデル（resource based view：RBV）の考え方に最初に影響を与えたのは，ワーナーフェルト（Wernerfelt, B.）が1984年に発表した論文「資源に基づく企業観」であった。この論文では，企業の収益性を生み出す源泉として，経営資源と製品の両面から捉えることが主張された。そこから，企業を資源の集合体とし，**競争優位**の源泉となるものは，競合企業からの模倣が困難な独自の強みとしての経営資源であるとする資源ベースモデルが展開された。1980年代にポーター（Porter, M.）[1947-] が競争優位の戦略として，**ファイブ・フォース分析**やポジショニング・アプローチで企業の外部環境を重視していたのに対し，資源ベースモデルは企業の内部資源から競争優位性を獲得していこうとするところに大きな違いがある。

資源ベースモデルが大きな注目を集めたのは1990年代である。ハメル（Hamel, G.）とプラハラード（Prahalad, C.K.）の著書『コア・コンピタンス経営』は世界的なベストセラーとなった。**コア・コンピタンス**とは，他社が模倣できないような，その企業独自の価値を顧客に提供する中核的な力のことである。具体的には，製品を生み出す核となる独自のスキルや技術のことをいう。それは，単一の製品分野に限定されることなく，多様な市場への参入を可能にするような企業力を広めるものでなければならないとされている。彼らのコア・コンピタンス論は企業の潜在的な中核的能力の重要性を認識させることになったが，技術志向が強いことに特徴がある。

このハメルとプラハラードのコア・コンピタンス論以上に，資源ベースモデルで大きな影響力を持つのは，1991年にバーニー（Barney, J.B.）によって展開された**VRIO分析**である。バーニーは企

業の経営資源と**ケイパビリティ**（組織能力）に着目し，それらの「**経済的価値**（value）」，「**希少性**（rarity）」，「**模倣困難性**（inimitability）」，「**組織**（organization）」を問うことで，企業の競争優位の源泉になり得るかが決定されるとした。

　VRIO 分析において，まず，経済的価値（V）に関する問いとは，企業が自社の経営資源やケイパビリティによって，企業を取り巻く外部環境において機会を活かしたり，または外部環境における脅威を緩和させたり，無力化させたりするものなのかというものである。次に，希少性（R）に関する問いとは，経済的価値をもつ経営資源やケイパビリティがその業界で非常に限られた少数の企業でしか保有されていないものなのかということである。そして，模倣困難性（I）に関する問いとは，その経営資源やケイパビリティを保有しない企業がそれを獲得したり開発したりするときに，それを保有する企業に対してコスト上で不利であるかということである。最後の組織（O）に関する問いとは，その企業において，経済的価値が高く，希少性があり，模倣が困難な経営資源やケイパビリティを十分に活用できるだけの組織体制や組織制度を構築できているかということである。

　この4つの問いをまとめた VRIO フレームワークは**表1**のようになる。

　企業が保有する経営資源やケイパビリティに経済的価値がなければ，それを用いて戦略を選択し実行したとしても，外部環境に存在する機会を活用したり，脅威を無力化したりすることはできない。このような経営資源ではそれを活用するための組織体制を作り上げてもコストは上昇し，売上げは減少することになるだろう。すなわち，経済的価値のない経営資源は企業にとって弱みとなるのである。この場合，企業は速やかに弱みの克服に取り組むか，もしくは

戦略の選択と実行のときにこの弱みを避けなければならなくなる。

　次に，企業が保有する経営資源やケイパビリティに経済的価値は
あるものの，希少性が低い場合，これらを戦略の立案と実行に使用
することで得られるものは**競争均衡**である。このような経営資源は
一般的に競争優位をもたらすことはないが，それを使用しなければ
ば，**競争劣位**に陥る恐れがある。つまり，経済的価値はあるが希少
性の低い経営資源は，いくらかの組織の強みにはなるといえるだろ
う。

表1　VRIOフレームワーク

経営資源やケイパビリティの特性

経済的価値(V)	希少性(R)	模倣困難性(I)	適切な組織体制(O)	想定される競争優位	強みか弱みか
No	—	—	—	競争劣位	弱み
Yes	No	—	Yes/No	競争均衡 (OがYesの時)	強み (OがYesの時)
Yes	Yes	No	Yes/No	一時的競争優位 (OがYesの時)	強み・企業固有能力 (OがYesの時)
Yes	Yes	Yes	Yes/No	持続的競争優位 (OがYesの時)	強み・持続的企業固有能力 (OがYesの時)

出所：岡田訳（2021）148頁。

　企業が保有する経営資源やケイパビリティに経済的価値と希少性
があって，模倣するコストがそれほど高くない場合，この経営資源
を活用すると一時的な競争優位を得ることができる。その企業は多
くの企業よりも先にその経営資源を活用することになるため，先行
者優位を獲得することになるからである。しかし，競合企業がその
先行する企業の優位性を認識すれば，同様の戦略を実行するときに
必要となる経営資源を複製するか，代替するかによって獲得した

り，開発したりすることができる。そして，時間の経過とともに，先行企業を模倣したり，対抗するための経営資源を保有したりする企業が増えてくると，先行企業が獲得していた競争優位は失われていくことになる。これらのことから，このような経営資源やケイパビリティは少なくとも強みにはなるものであり，一時的だとしても，企業固有能力といえるものである。

　企業の経営資源やケイパビリティが経済的価値と希少性を有し，さらにそれを模倣するコストが大きい場合，それを活用することで持続的な競争優位を得ることができる。競合企業はその経営資源やケイパビリティを模倣しようとしても，コスト上で不利になるためにその戦略をとることができなくなってしまう。このような経営資源を活用する企業に，競合企業が対抗しようとしても，競争優位どころか競争均衡すら確保できないことになるだろう。また，たとえ競合企業が模倣に成功して，同じような経営資源やケイパビリティを獲得することができたとしても，膨大なコストが必要となるために結果的には競争劣位に陥ってしまうことになる。このような経営資源やケイパビリティは企業にとっての大きな強みであって，持続的企業固有能力となる。

　最後に，VRIO フレームワークにおいて，組織（O）に関する問いは，これまで見てきた経済的価値（V），希少性（R），模倣困難性（I）についての分析がなされた上で，その分析結果を修正する要因として機能する。ある企業が経済的価値があり，希少性が高く，模倣に膨大なコストがかかってしまう経営資源やケイパビリティを有していたとしても，それを十分に活用できるだけの組織体制が構築できていなければ，競争優位が完全な形で発揮されることはない。さらには，その企業の組織体制が不十分なものであれば，競争優位のポテンシャルを持ちながら，競争均衡や競争劣位にまで陥ってし

まう可能性がある。

　こうしたバーニーによるVRIO分析によって，資源ベースモデルはより実践的なものとなり，資源アプローチはポーターに代表されるポジショニング・アプローチと大きく比較されるようになっていったのである。

■ 参考文献

Barney, J.B. and W.S. Hesterly (2020) *Strategic Management and Competitive Advantage: Concepts [Global Edition]*, 6th Edition. Pearson Education.（岡田正大訳『[新版] 企業戦略論【上】基本編』ダイヤモンド社, 2021 年）

Hamel, G. and C.K. Prahalad (1994) *Competing for the Future.* Harvard Business School Press.（一條和生訳『コア・コンピタンス経営：大競争時代を勝ち抜く戦略』日本経済新聞社, 1995 年）

Wernerfelt, B. (1984) A Resource-Based View of the Firm, *Strategic Management Journal*, 5 (2): 171-180.

（四本雅人）

Keyword

VRIO　希少性　競争均衡　競争優位　競争劣位　経済的価値　ケイパビリティ
コア・コンピタンス　資源ベース　ファイブ・フォース分析　模倣困難
リソース・ベースト・ビュー

ハメル　プラハラード

ダイナミック・ケイパビリティ・モデル
〔dynamic capabilities framework〕

　企業の保有する**ダイナミック・ケイパビリティ**の活用を通じて事業環境の変化に適応する，または新たな事業環境を自ら形成することにより，持続的な**競争優位**を構築・維持する戦略経営理論のことである。資源ベース・モデルと同様に企業の保有する資産や**ケイパビリティ**に着目しながらも，事業環境の変化を前提とし，資産の再構成や再配置を通じて組織に働く慣性や**コア・リジディティ**の問題を克服して企業の持続的な成長の実現を目的とする理論である。

　この理論の中核概念であるダイナミック・ケイパビリティは，事業環境の変化に対応するために社内または社外の資産を結合，再活用，再配置，再構成する企業能力を指す（Teece et al., 1997; Teece, 2007）。この能力は，企業の日々の通常業務を効率的に実施する能力である**オーディナリー・ケイパビリティ**と区別され，オーディナリー・ケイパビリティを環境変化に対応するように修正する高次のケイパビリティとされる（Teece, 2012; 2014b）。

　ダイナミック・ケイパビリティは，グローバル競争が激しく技術革新が急速で，市場ニーズも多様化する現代の事業環境のように，急速に変化する環境において特に重要である（Teece, 2014b）。事業環境が比較的安定した状況では，企業の保有する優れたオーディナリー・ケイパビリティがその事業活動における最も効率的なプロセスである**ベストプラクティス**を達成させ，経営効率を向上させることで競争優位の源泉となる。しかし，変化の激しい事業環境では，優れたオーディナリー・ケイパビリティは企業の持続的な競争優位をもたらさない。というのも，ベストプラクティスは次第に競合他社に模倣され，業界内で広く普及していくからである。さらに，既

存の優れたオーディナリー・ケイパビリティが環境変化によって生じる新たな事業機会に適合しない可能性もある。例えば，従来の生産技術に基づいて構築された効率的で競争力のある生産体制が，デジタル化やITと結びついた新しい生産技術の登場という環境変化によって競争力を急速に失うこともある。企業の事業活動が優れたオーディナリー・ケイパビリティに支えられて効率化されているとしても，それが新たな技術や市場ニーズ，そして事業機会に適合する正しい方向で活用されなければ企業の持続的な競争優位は保証されないのである。

　そのため，環境変化の激しい状況で競争優位を維持するためには，企業がダイナミック・ケイパビリティに基づいて「正しいことを正しいタイミングで行う」ことが求められる。ダイナミック・ケイパビリティは，新たな事業機会を発見し，資産の再配置や再構成を通じてその機会と事業活動を一致させるという**企業家**的要素を含む能力であり，またその資産の再配置や再構成はそれ以前の事業活動を通じて蓄積された独自の資産に基づくものであることから，競合他社による模倣や外部業者からの購入が困難な各企業に特異な能力であり，それゆえ持続的な競争優位の源泉となる。

　さらに，ダイナミック・ケイパビリティは①感知（センシング），②捕捉（シージング），③変容（トランスフォーミング）という3つのケイパビリティを含んでいる（Teece, 2007）。まず，①感知ケイパビリティとは，事業環境の変化を敏感に察知し，新たな機会や脅威を発見し評価する能力である。この能力は，研究開発投資による新たな技術の開発，社外の技術発展に関する学習，サプライヤーや協力企業の**イノベーション**の活用，変化する顧客ニーズの特定といった企業活動を基礎としている。

　次に，②捕捉ケイパビリティとは，感知ケイパビリティに基づい

て認識され評価された新たな事業機会を捉えたり，その脅威に対処したりするために，社内外の既存資源の結合や再活用を通じて機会と一致する新たな製品，プロセス，サービスを開発して事業化する能力である。この能力は例えば，既存技術やその補完的資産を修正して適切なタイミングで適切な技術やデザインに重点的に投資を行う能力や，新たな製品やサービスを支える**ビジネスモデル**を考案し，ビジネスモデルに必要な補完的資産を社外から調達するのか社内で調達・構築するのかという企業の境界を正しく設定する能力を含んでいる。さらに，機会を捉えるための重点投資や新規事業に関する個人または組織の意思決定には，既存の事業活動を維持して新たな取り組みを過小に評価するという認知的なバイアスが働きやすい。経営者や管理者がこうしたバイアスを認識した上で，その行動やコミュニケーションを通じて新たな事業活動やイノベーションに対する従業員のコミットメントを引き出すリーダーシップもまた，捕捉ケイパビリティの一部である。

　優れた感知ケイパビリティと捕捉ケイパビリティを保有する企業は，変化する事業環境において新たな機会を素早く発見し，既存の資源を再活用してその機会と一致する新たな取り組みを実践することで，成長や収益性の向上を実現する。しかし，その成功は従来の事業活動に近接した範囲の経路依存的な投資の拡大や資産の増大をもたらし，さらなる環境変化への適応のための事業や組織の変革を妨げ，企業の持続的な成長の足かせともなる。こうした**経路依存性**を回避するために，資産や組織構造を再構成・再配置して持続的な競争優位を維持する能力が③**変容ケイパビリティ**である。この能力の要素としては，組織の分権化や**オープン・イノベーション**の採用を通じて新たな技術や市場への感度を高めること，企業のガバナンス体制を整備して組織内のエージェンシー問題を最小化すること，イ

ノベーションの探索範囲を既存の資産やビジネスモデルに調和する
ものに限定しようとする経営者や組織メンバーの認知的傾向やイン
センティブを抑制すること，資産の配置を継続的に更新して相互に
補完的な資産の整合性を保持すること，そして知識移転やノウハウ
の統合と保護に関するナレッジ・マネジメントを推進することなど
がある。

　このように，変化し続ける事業環境に置かれた現代企業はこれら
のダイナミック・ケイパビリティを継続的に活用することで，①環
境変化と新たな機会を正しく感知し，②感知した機会を機敏に捕捉
し，③資源を再配置することで持続的な競争優位を構築・維持でき
る。

　ダイナミック・ケイパビリティ・モデルは1997年にストラテ
ジック・マネジメント・ジャーナル誌に掲載されたティース（Teece,
D.），ピサノ（Pisano, G.），シェーン（Shuen, A.）による論文 "Dynamic
Capabilities and Strategic Management" を出発点とする比較的新し
い戦略理論であり，いまだ発展途上の理論モデルであるため，上述
の内容と異なる解釈やそのモデルに対する批判もある。例えば，ダ
イナミック・ケイパビリティとはどのような能力なのかをめぐり，
その能力を適度に変化する環境に対応するためのシンプルなルール
とそれに従う組織ルーティンとみなし，ダイナミック・ケイパビリ
ティ自体はベストプラクティスであって持続的な競争優位の源泉で
はないとする解釈がある（Eisenhardt and Martin, 2000）。また，安定
した環境と変化の激しい環境の境目は不明確であるため，ダイナ
ミック・ケイパビリティをオーディナリー・ケイパビリティから明
確に区別するのは困難であるとの批判的な見解もある（Helfat and
Winter, 2011）。一方で，ダイナミック・ケイパビリティを構築する
ものは何かをめぐり，認知論や心理学的な観点から経営者の認知能

力にその要因を求める研究も進められている（Helfat and Peteraf, 2015）。さらに，ダイナミック・ケイパビリティが実際に企業の持続的な競争優位をもたらしているのかについても，事例研究や大数調査による実証研究が今まさに蓄積されているところである。

理論モデル

図1　ダイナミック・ケイパビリティ・モデルの概念図

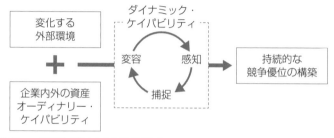

出所：Teece（2007, 2014a）を参考に筆者作成

■ 参考文献

Eisenhardt, K.M. and J.A. Martin（2000）Dynamic Capabilities: What are They?. *Strategic Management Journal*, 21（10-11）: 1105-1121.

Helfat, C.E. and M.A. Peteraf（2015）Managerial Cognitive Capabilities and the Microfoundations of Dynamic Capabilities. *Strategic Management Journal*, 36（6）: 831-850.

Helfat, C.E. and S.G. Winter（2011）Untangling Dynamic and Operational Capabilities: Strategy for the（N）Everchanging World. *Strategic Management Journal*, 32（11）: 1243-1250.

Teece, D.J.（2007）Explicating Dynamic Capabilities: The Nature and Microfoundations of（Sustainable）Enterprise Performance. *Strategic Management Journal*, 28（13）: 1319-1350.（菊澤研宗・橋本倫明・姜理恵訳『D. J. ティース ダイナミック・ケイパビリティの企業理論』第3章，中央経済社，2019年）

Teece, D.J.（2012）Dynamic Capabilities: Routines versus Entrepreneurial Action.

Journal of Management Studies, 49（8）: 1395-1401.（菊澤研宗・橋本倫明・姜理恵訳『D. J. ティース ダイナミック・ケイパビリティの企業理論』第4章，中央経済社，2019年）

Teece, D.J.（2014a）A Dynamic Capabilities-based Entrepreneurial Theory of the Multinational Enterprise. *Journal of International Business Studies*, 45(1): 8-37.（菊澤研宗・橋本倫明・姜理恵訳『D. J. ティース ダイナミック・ケイパビリティの企業理論』第6章，中央経済社，2019年）

Teece, D.J.（2014b）The Foundations of Enterprise Performance: Dynamic and Ordinary Capabilities in an（Economic）Theory of Firms. *Academy of Management Perspectives*, 28（4）: 328-352.（菊澤研宗・橋本倫明・姜理恵訳『D. J. ティース ダイナミック・ケイパビリティの企業理論』第5章，中央経済社，2019年）

Teece, D.J., G. Pisano and A. Shuen（1997）Dynamic Capabilities and Strategic Management. *Strategic Management Journal*, 18（7）: 509-533.

（橋本倫明）

Keyword

イノベーション　オーディナリー・ケイパビリティ　オープン・イノベーション
感知　企業家　競争優位　ケイパビリティ　経路依存性　コア・リジディティ
ダイナミック・ケイパビリティ　バイアス　ビジネスモデル
ベストプラクティス　変容　捕捉

- -

シェーン　ティース　ピサノ

ビジョナリー・モデル

〔visionary model〕

コリンズ（Collins, J.C.）とポラス（Porras, J.I.）によって書かれた *Built to Last: Successful Habits of Visionary Companies*（邦題『**ビジョナリー・カンパニー**』）は，1994年の刊行以来，世界的なベストセラーとして親しまれ，続刊も相次いで出版されてきた。彼らは，「真に卓越した企業とそれ以外の企業の本質的な違いはどこにあるのか」という問いに答えるべく，6年にわたる調査を，ペア分析という，設立時期や設立時の商品や市場など，出発点が類似した比較対象企業と対照させる手法を用いて，ビジョナリー・カンパニーに共通する特徴やダイナミクスを見つけ，それらの結果をもとに実践の場で役立つ概念枠組みを作ろうと試みた。HP，3M，J&J，P&G，メルク，ソニー，ノードストロームなど計18社が「ビジョナリー・カンパニー」としてあげられ，企業の歴史全体を調査し，比較した結果，長期的に永続する企業には，基本的価値観（core values）と企業目的（core purpose）から成る「基本理念（core ideology）」と，未来に向けて社運を賭けて挑む大胆な目標BHAG（Big Hairy Audacious Goal）と鮮やかな未来像（vivid description）から成る「目指すべき未来（envisioned future）」の2つの柱があり，それによって明快かつ完成度の高い**ビジョン**を描くことができるのだとした。

ビジョナリーとは，先見性，未来志向といった意味であり，そこから，ビジョナリー・カンパニーは，同業他社の間で広く尊敬を集め，大きなインパクトを世界に与え続けた企業のことを指す。ビジョナリー・カンパニーの基準には以下があげられる。

- 業界で卓越した企業である。
- 見識のある経営者や企業幹部の間で，広く尊敬されている。

- 私たちが暮らす社会に，消えることのない足跡を残している。
- 最高経営責任者（CEO）が世代交代している。
- 当初の主力商品のライフサイクルを超えて繁栄している（製品やサービスのライフサイクルをいくつか繰り返している）。
- 1950年以前に設立されている（設立後50年以上経過している）。

これらの基準をもとにし，調査から導き出された，卓越した企業を支える基本概念として，次の4つが示されている。このうち，3.が，ビジョナリー・カンパニーの真髄であるとされる。これらは，これまで広く一般に信じられてきたいくつもの神話を覆し，従来の枠組みを崩すものであった。

1. 時を告げる予言者になるな，「時計をつくる」設計者になれ

素晴らしいアイデアやビジョンを持つカリスマ的指導者は必要なく，ビジョンある組織を築くことに力を注ぐこと。これは，経営者の幾度にわたる世代交代やいくつもの製品サイクルを通じてなお継続し，環境の変化に適応できる組織を作り上げることを意味する。

2.「ANDの才能」を重視しよう

様々な側面で両極になるものを同時に追求すること。「AかBのどちらか」ではなく，「AとBの両方」を手に入れる方法を見つけることである。実際，ビジョナリー・カンパニーの多くは，例えば，理念と利益を同時に追求する，長期的な視野に立った投資をしながら，同時に短期的な業績についても高い基準を掲げるといったように，一見すると矛盾する逆説的な考え方を持っている。

3. 基本理念を維持し，進歩を促す

　ビジョナリー・カンパニーの真髄は，基本理念と進歩への意欲を組織のすみずみまで浸透させていることにある。基本理念とは，時を経ても揺らぐことがなく，組織の土台となる基本的な指針のことであり，基本的価値観と企業目的から成る。基本的価値観は，組織にとって不可欠で不変の主義であり，外部環境に左右されないものである。どのような基本的価値観を持っているかは特に重要ではなく（ビジョナリー・カンパニー全社に共通する項目は1つもなく，また，基本理念に共通する要素や一般的なパターンもない），基本的価値観を持ち，それが社内で知られ，組織に組み入れられ，組織全体に浸透し，長期にわたり維持しているかが問題となる。他方，企業目的とは，具体的な目標や**事業戦略**ではなく，企業の根本的な存在理由そのものであり，組織の精神を表すものである。

4.「一貫性」を追求しよう

　3.と連動するが，基本理念と進歩への意欲を組織のすみずみまで浸透させるためには，会社の動きのすべて——目標，戦略，方針，プロセス，企業文化，経営陣の行動，オフィスのレイアウトに至るまで——の部分が協力し合って一貫性を持っていることが重要である。基本理念を維持し，進歩を促すように，すべての要素において一貫性がとれた組織であることが，どのビジョナリー・カンパニーにも当てはまる一般原則であるとされる。

　卓越した企業は，決して変えてはならないもの，すなわち基本理念と，進歩を促すために時と場合に応じて変えるべきものとの違いを心得ているとしている。それでは，基本理念からの乖離をもたらしたり，進歩を妨げたりする矛盾をなくすために，組織に何を加

え，何をなくすべきなのか。

基本理念を維持し，進歩を促すための具体的な方法で，効果が実証されているものに以下の5つがあげられる。

1. 社運を賭けた大胆な目標（BHAG：ビーハグ）

進歩を促す強力な仕組みとして，**リスク**が高い目標やプロジェクトに大胆に挑戦していること。組織メンバー全員を1つに結集させるような，極めて明確で説得力があり，具体的な目標を軸としたものであり，基本理念に沿ったものでなければならない。

2. カルトのような文化

基本理念に沿って，教化，**同質性**の追求，エリート主義といった特徴を備えた，カルトに近いとすらいえる文化を作り上げていること。価値観が合う人にとっては最高の職場だが，価値観が合わないと病原菌か何かのように追い払われる職場でもある。ビジョナリー・カンパニーはカルトのような文化を持つことで，イデオロギーの管理を行うと同時に，業務上の自主性を幅広く認めている。

3. 実験による進化

大量のものを試し，うまくいったものを残す企業は，変化が激しく予測がつかない環境で生き残れる可能性が高くなる。例えば，3M社の技術者は労働時間の15％を研究開発に充てるが，そこから予想しなかった革新を生み，新商品の開発につなげている。小さなことをいくつも試し，うまくいったものを残し，うまくいかなかったものを捨てている。

理論モデル

4. 生え抜きの経営陣

　社内の人材を育成し，経営者の継続性をもたらす好循環が築かれていること。経営幹部育成のための制度を設け，長期的な後継計画を作って，次の世代への移行が円滑に進むようにする。

5. 不断の改善

　現状に満足せず，不十分と感じる，不安感を生み出す仕組みを作り，常に変化，改善，革新，更新を促し，進歩へと内側から駆り立てるように仕組み，常に改善を求めて自らを律すること。

　これら5つの手法は，それぞれの要素が相乗効果を持ち，連携し合うため，1つだけではビジョナリー・カンパニーになることはできず，すべての要素が積み重なって全体的な効果を発揮することになる。

図1　ビジョナリー・カンパニーの枠組み

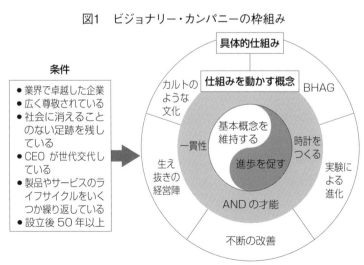

出所：筆者作成

　以上のことから，ビジョナリー・カンパニーの枠組みは図1のように表すことができよう。まず，基準となる条件があり，ビジョナリー・カンパニーを築く鍵となる「基本理念を維持し，進歩を促す」というコアの部分を中心として，3つの基本概念があげられる。さらには，具体的な枠組みとして，5つの手法があるというものである。

■ 参考文献

Collins, J.C.（2001）*Good to Great.*（山岡洋一訳『ビジョナリー・カンパニー②飛躍の法則』日経 BP マーケティング，2001 年）

Collins, J.C. and J.I. Porras（1994）*Built to Last: Successful Habits of Visionary Companies.* NY: Harper Business.（山岡洋一訳『ビジョナリー・カンパニー時代を超える生存の原則』日経 BP マーケティング，1995 年）

ジェームズ C. コリンズ・ジェリー I. ポラス著，有賀裕子訳（2006）「Part Ⅲ HBR 名著論文 30 選 どのような未来を切り開いていくのか ビジョナリー・カンパニーへの道」『DIAMOND ハーバード・ビジネス・レビュー』31（11）：150-165.

（川﨑千晶）

Keyword

価値観　事業戦略　同質性　ビジョナリー・カンパニー　ビジョン　リスク
コリンズ　ポラス

戦略学習モデル

〔strategic learning model〕

激しく変化する環境においては，競合他社との競争に打ち勝つための戦略を策定・実行し，その戦略を更新していくためのダイナミックな方法が求められる。戦略学習とは，組織が継続的に環境の変化を感知して対応することで，長期的な環境適応を狙いとする学習である（Kuwada, 1998）。従来の組織学習が1回限りの変革を生じさせることを目的とするのに対し，本モデルにおいて組織に求められるのは，環境の変化を継続的に感知し，業務上のルーティンやプロセスの転換を繰り返し行うことである（Thomas et al., 2001）。

では，本モデルでは，環境適応の方向性を定める「戦略」をどのように捉えているのであろうか。戦略学習の想定する戦略は，**創発的戦略**と呼ばれるものである。伝統的な**計画的戦略**では，戦略は策定・計画・実行というプロセスを経て作られるものであるため，事前に策定された戦略を意図した通りに実行することが重要視されてきた。これに対し，創発的戦略では，戦略は最初から明確に意図されていたものではない。行動の1つひとつが時間をかけて蓄積され学習される過程で，戦略の一貫性や特定のパターンが表面化してきたものが創発的戦略と呼ばれるのである。

戦略学習は多様なパースペクティブから研究されているが，いまだその定義は多義的である。したがって本項目では，①マルチレベルでの学習，②環境のスキャニングと新たな課題を探究するステップの重視，③より高次のレベルの学習を経た認知枠組みの変化を促進するプロセスへの注目，という先行研究で指摘されている3つの共通点について述べる。

1. マルチレベルでの学習

　戦略学習は個人レベルと組織レベルの両方のレベルで生じる現象として捉えることができる。個人レベルの戦略学習は，**戦略的思考**と呼ばれるものである。そして，そのような個人レベルの学習の成果を組織が利用するためには，組織レベルで戦略学習が行われることが必要となる。

2. 環境のスキャニングと新たな課題を探究するステップの重視

　個人レベル，組織レベルの両方において，戦略学習の最初のステップは，スキャニングや探索によって新たな洞察を生み出すことである。したがって，本モデルでは個人や組織が自身を取り巻く環境をスキャニングし，脅威や機会を認識して新たな課題を探求するステップが重視される。

　例えば，企業内ベンチャーの創発プロセスは，新しい事業機会の探求という業務レベルの学習から始まる。この学習を通じて新しい事業機会が認識されることによって，業務レベルより上位のレベルでの戦略が策定されることになる。そして，この新規事業機会の探求と戦略の策定・実行のプロセスが繰り返された結果，企業レベルでの戦略が転換し，企業内でその戦略が維持されるようになるのである（Burgelman, 1988）。

3. より高次のレベルの学習を経た認知枠組みの変化を促進する
##　　プロセスへの注目

　戦略学習は，戦略的行動をデザインするプロセスとしてもみなされている。この流れの研究では，組織の基本的な前提（ものの見方や考え方）自体が変化するため，組織は意思決定に関わる新しい準拠枠や戦略的志向を獲得する。つまり，戦略学習によって，組織は

情報を解釈する新しい方法を手に入れるのである（Fiol and Lyles, 1985）。以下，図1に示したビジネス・ラーニングと戦略学習のモデルについて説明する。

図1　ビジネス・ラーニングと戦略学習

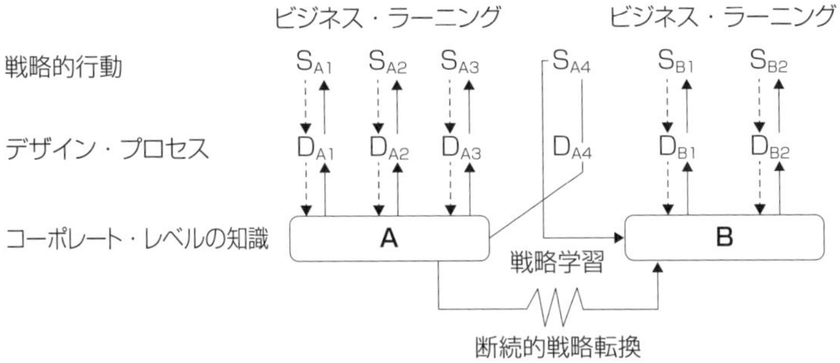

出所：Kuwada（1998），p.722

　組織の保有する知識は，ビジネス・レベルの知識と，コーポレート・レベルの知識の2つのレベルで構成される（桑田，1991）。ビジネス・レベルの知識とは，製品や製造工程に関わる技術的知識，競争業者や取引先等の動きとその動きへの対応に関する知識，消費者行動のパターンやトレンドについての知識といった特定のビジネスに関して有効な知識やノウハウ，信念のことである。これらの知識は，特定のビジネスの成功・失敗に直接の因果関係を持つ知識であるが，その意味は多義的である。したがって，適切な意味を与えられなければその有効性が発揮されない。

　そこでコーポレート・レベルの知識が必要となる。このレベルの知識は，ビジネス・レベルの知識の獲得と意味の決定，すなわち知識の利用方法を決めるものである。知識の利用方法は，組織の基本的前提に基づいた手続き的ルーティンに依存する。コーポレート・

レベルの知識は，この手続き的ルーティンとその根底にある基本的前提の集合から成り立つのである。

ビジネス・ラーニングは，ビジネス・レベルの知識を獲得する組織学習である（Kuwada, 1998）。この学習では，S_{A1}，S_{A2}，S_{A3} といった戦略的行動が展開されていくが，これらはあくまで A というコーポレート・レベルの知識の範囲内で行われるものである。それゆえ，各戦略的行動の内容に差はあるが，組織の戦略志向自体には変化はない。

一方で，戦略学習は，A から B というように，コーポレート・レベルの知識自体を変化させる組織学習である。したがって，組織が戦略的行動をデザインする際のものの見方や考え方自体が変化することになる。コーポレート・レベルの知識が変化するには，まずビジネス・レベルの知識がコーポレート・レベルの知識に変換されることが必要となるため，戦略学習にはビジネス・ラーニングも必要となる。

例えば，旭硝子（現：ACG）は，自社の成長は，建設産業や自動車産業といった成長産業における自社製品への需要の増加にあると考えていた。この先行する経験をもとに，「成功のためには成長産業に貢献することが重要である」というコーポレート・レベルの知識が獲得された。そして，この「成長産業に貢献する」という基本的前提に基づいた意思決定が行われることで，旭硝子は新規事業に参入することとなったのである。このように，過去の事業で蓄積された経験（ビジネス・レベルの知識）を通じて，コーポレート・レベルの知識は獲得されるのである（Asaba and Kuwada, 1989）。

このように，戦略学習は現場レベルの変化から組織全体の変化を促すものであるが，そのプロセスには，組織が時に過去の経験や行

動を捨て去ることであるアンラーニング（Tsang and Zahra, 2008）は必ずしも含まれない。古い基本的前提はアンラーニングされずに存在したままであるため，組織内に新旧の基本的前提が共存することになるのである。したがって，古い基本的前提が捨て去られるのは，新しい基本的前提が定着する段階になる（桑田, 1991）。このように，学習に先立つものとしてアンラーニングを求めない点は，戦略学習と従来の組織学習の明確な違いである。

■ 参考文献

Asaba, S. and K. Kuwada（1989）The Continuous Side of Discontinuity: Dynamic Process of Organizational Change.『経済と経済学』（東京都立大学）63: 43-67.

Burgelman, R.A.（1988）Strategy Making as a Social Learning Process: The Case of Internal Corporate Venturing. *Strategic Management*, 18（3）: 74-85.

Fiol, C.M. and M.A. Lyles（1985）Organizational Learning. *The Academy of Management Review*, 10（4）: 803-813.

桑田耕太郎（1991）「ストラテジック・ラーニングと組織の長期適応」『組織科学』25（1）: 22-35.

Kuwada, K.（1998）Strategic Learning: The Continuous Side of Discontinuous Strategic Change. *Organization Science*, 9（6）:719-736.

Thomas, J.B., S.W. Sussman and J.C. Henderson（2001）Understanding "Strategic Learning": Linking Organizational Learning, Knowledge Management, and Sensemaking. *Organization Science*, 12（3）: 331-345.

Tsang, E.W.K. and S.A. Zahra（2008）Organizational Unlearning. *Human Relations*, 61（10）: 1435-1462.

（松野奈都子）

Keyword

アンラーニング　機会　脅威　計画的戦略　事業機会　戦略　戦略学習
戦略的行動　戦略的思考　創発的戦略　組織学習　ビジネス・ラーニング

理論モデル

戦略のゲームモデル

〔game theory model〕

　戦略のゲームモデルの特徴は，他者（競合他社，顧客等）との相互作用を明示的に考慮して戦略を捉える点にある。規範的戦略論であるポジショニング・ビュー（positioning view）や**リソース・ベースト・ビュー**（resource based view）が，それぞれ戦略ポジションやコア・コンピテンスといった特定要素に焦点を当てるのに対し，戦略のゲームモデルではゲーム理論（game theory）を援用し，相互作用に基づく戦略理解・構築を試みている。

　そういった観点から，戦略のゲームモデルの大きな特徴には，①複数の他者の想定，②その他者との相互依存関係を中心的に分析，③「競争」のみならず「協調」の視点の導入ならびに，価値の「創造」「配分」という動態的な側面を明示的に取り扱っていること，などがあげられる。

　そもそもゲームとは，複数の合理的であろうとするプレーヤーの行動が絡み合い利害関係が生じている相互依存状況である。また，ゲーム理論とは，その状況を整理・分析し，社会構造やそのあり方を研究する数理モデルである。企業経営に対しては，それら数理モデルから，協調関係の構築，ゲームの設計・変更等に対する示唆を導き出すことが重要となる。

　ゲーム理論は，ハンガリー生まれの数学者フォン・ノイマン（von Naumann, J.）が1920年代にゼロサム二人ゲームの基本定理を証明したことに始まり，1944年にフォン・ノイマンとモルゲンシュテルン（Morgenstern, O.）が著した『ゲーム理論と経済行動』によってその基盤が確立された。最も一般的に知られているゲームは「囚人のジレンマ」であり，そのゲームの相互依存状況は次の通りである。

AとBが共同で犯罪を行い，警察に捕まったとする。二人は別々の取調室に入れられ，追及を受けることになる。二人とも黙秘すれば，犯罪自体は立件されず，余罪のみでAとBには懲役2年が課せられる。しかし片方が自白し，片方が黙秘した場合，自白した方は釈放されるが，黙秘した方は懲役6年となる。双方が自白するとそれぞれ4年の懲役である。AとBがこの状況を理解しているとすると，自白するだろうか，それとも黙秘するだろうか。ゲーム理論では，ペイオフ・マトリックス（利得表）を描き，その論理構造を表すことが多いが，囚人のジレンマの場合のペイオフ・マトリックスは図1の通りである（マイナスの値が小さい方が，利得が大きい）。

図1　囚人のジレンマ

		容疑者B	
		黙秘（協調）	自白（裏切り）
容疑者A	黙秘（協調）	2 （△2,▲2）	4 （△6,0）
	自白（裏切り）	1 （0,▲6）	3 （△4,▲4）

注　：左側＝容疑者Aの利得，右側＝容疑者Bの利得
　　　△容疑者Aの懲役，▲容疑者Bの懲役
出所：西山健一（1986）

合理的なA（Bも同様）は，相手の意思決定にかかわらず，自白した方が得であることに容易に気づくことになる（相手が黙秘すると懲役0年。相手が自白すると懲役4年。どちらも2年，6年よりも短い）。結

果，双方が自白し，ＡもＢも懲役４年になるのである。これは双方にとって，自白が支配戦略（dominant strategy）となり，双方黙秘した方が最良であるにもかかわらず，双方自白という安定状態に陥るのである。これをナッシュ均衡（Nash equilibrium）と呼ぶ。ナッシュ均衡とは，お互い，自分１人だけの戦略変更では利得を増やすことが出来ない戦略の組み合わせであり，安定的な解となる。

もちろんゲームによっては，複数のナッシュ均衡が存在するゲーム，支配戦略が片方だけに存在するケース，あるいは双方に支配戦略が存在せずに，結局，自分の行動が相手の選択に完全に依拠してしまう状況も生じてしまう。最後のケースの場合には，一般的法則の定立はほぼ不可能である。

この囚人のジレンマは，お互いが同時に意思決定を行う「同時ゲーム」である。これをビジネスに応用すると，自社と競合他社が翌年の生産計画に関する意思決定（現状維持 or 増産）を同時に行うゲーム，つまり「同時ゲーム」「数量ゲーム」の場合は，過剰生産状況を生むナッシュ均衡に陥り（クールノー競争（Cournot competition）），また，価格の意思決定である「価格ゲーム」「同時ゲーム」では，過度な価格競争に陥ることがわかっている（ベルトラン競争（Bertrand competition））。

しかしながら，ビジネスは１回限りのイベントではなく，継続的なものである。それゆえ本来的には「繰り返しゲーム」を考えるべきだ。1980 年代の初め，ミシガン大学の政治学者アクセルロッド（Axelrod, R.M.）はゲーム理論研究者に呼びかけ，囚人のジレンマに対する戦略をコンピュータプログラムの形で提出させ，繰り返しゲームを実施した。その大会で優勝したのは（第１回，第２回共），社会心理学者のラパポート（Rapoport, A.）の「しっぺ返し戦略」であった。しっぺ返し戦略は，協調を基本としつつも，もし相手が裏

切れば次回は自分も裏切り，もし相手が協調をしてきたら，その次の回は自身も協調するという，至極単純な「信頼」の戦略だった。このような実験からも協調・信頼の重要性がうかがえる。一方，この信頼が「性善説」に基づくものなのか，それとも繰り返しゲームでは裏切ることが合理的ではないとする「計算」からくるものなのかについては，現在も行動経済学などの分野で鋭意研究が進められている。

　この信頼や協調という側面を戦略分析の枠組みに取り入れたのが，ブランデンバーガー（Brandenburger, A.M.）とネイルバフ（Nalebuff, B.J.）の「**価値相関図**」（value net）である（図2）。この図は，ポーター（Porter, M.E.）［1947-］の**ファイブ・フォース分析**と似通っているが，3つの点で大きく異なっている。1つ目は，補完的企業が含まれている点である。補完的企業とは，その企業の製品を顧客が所有することで，自社製品の価値増大がもたらされる企業のことである。例えば，ソフトウェアメーカーは，PCメーカーにとって補完的企業であり，共にPCの価値を増大する協調関係にある。

図2　価値相関図(value net)

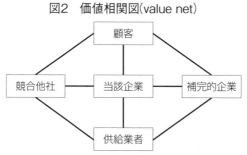

出所：B・J・ネイルバフ，A・M・ブランデンバーガー（1997）

　2つ目は，価値を中心とする分析視角を有することである。ビジネスでは様々なプレーヤーの協調的な相互作用の中からまず価値が創造される。そして，競争を通じて配分される。つまり2つ目の違いは，価値を共創するネットワークとしての特徴を捉えている点にある。例えば，トヨタは燃料電池車や水素ステーションに関する特許を無償公開したが，これは，競争相手を仲間にし，**価値共創**と市場拡大を行うための打ち手であり，トヨタは，今以上の恩恵の享受を目指しているのである。

　上記に関連して，3つ目は，価値相関図の4つの要素は「敵」であると同時に「味方」でもあるという点である。上記の燃料電池車の特許開放は，他社を，パイを奪い合う「敵」であると共に，市場を広げて価値を増大させる「味方」と見ている。ポーターのファイブ・フォース分析では供給業者も顧客も利益を奪い合う敵としての側面が強調されるのに対し，価値相関図では共に価値を生み出す味方としての側面も強調されるのである。例えば，自動車メーカーと部品メーカーは，コストダウンの成果を奪い合う競争関係にあるが，協力して「ケイレツ」の競争力を高める仲間でもある。同様に顧客も，企業と利益を奪い合う相手ともいえるが，顧客が形成する顧客コミュニティはその企業製品に対するブランド資産（brand equity）を生み出す源泉にもなる。

　このように戦略のゲームモデルは，これまでの戦略モデルにはない動態的，協調的，価値中心的な視座を提供してくれる。そこからはいくつかの新しい示唆の導出も可能となる。例えば，熾烈な競争を避けるためのシグナリングの有効性である。意外に思えるが，最低価格保証を謳う家電量販店がある地域では，他の地域に比べ価格が高止まりする傾向があるようだ。これは，最低価格保証をするというシグナルを他店に発信することで，不毛な価格競争を避けるた

めの協調が生まれ，価格が下げ止まる状況が生じるからである。あるいは，かつてエアバスは A380 の開発の宣言により，過剰生産を恐れたボーイングを大型機開発から撤退させることに成功した。

　また，補完関係の着眼点により，「ゼロサムゲーム」を「プラスサムゲーム」にする打ち手の検討も可能となる。例えば，アスクルは，立ち上げ当初，地域の文具店（本来的には競争相手）にカタログ配布と集金業務を依頼することで文具店には副収入を提供し，アスクルは販売網の欠如という弱みをカバーして Win-Win 関係を作ることで急成長することができた。

　このように，戦略のゲームモデルは，これまでの戦略モデルとは異なるユニークな視座を提供してくれるが，批判がないわけではない。例えば n 人のモデルや人工社会へと議論を発展させ，より複雑な問題を扱えるようになってきてはいるものの，数理モデルの変数は少なく現実から乖離しているという意見がある。また，支配戦略が存在することは稀であり，ゲーム理論は解決策を導くものではなく，経営者の思考を手助けするコンセプト提示にとどまるという意見もある。あるいは，ゲームモデルは，戦略というよりも**戦術**レベルの話になりがちだという批判もある。ゲームモデルは，大局的な視座に対する議論というより，短期的な施策レベルに議論がとどまっているというのである。

　ただ，他の戦略モデルとは異なる視点を提供してくれるという点において，ゲームモデルの意義が損なわれるということはないだろう。

■ 参考文献

B・J・ネイルバフ，A・M・ブランデンバーガー著，嶋津祐一，東田啓作訳（1997）
　『コーペティション経営：ゲーム論がビジネスを変える』日本経済新聞出版.
西山健一（1986）『勝つためのゲーム理論：適応戦略とは何か』講談社.

（平井孝志）

Keyword

価値共創　価値相関図　協調　ゲーム理論　支配戦略　囚人のジレンマ　信頼
戦術　ナッシュ均衡　ファイブ・フォース分析　ペイオフ・マトリックス
補完的企業　有効性　リソース・ベースト・ビュー

ネイルバフ　フォン＝ノイマン　ブランデンバーガー
モルゲンシュテルン

戦略化モデル
〔strategizing model〕

　経営戦略論は，戦略の内容論と過程論との大きく2つに分けて研究が展開されてきた。内容論とは，簡単にいえば，良い経営戦略とは何かに注目した研究である。例えば特定業界の中で企業が勝ち残っていくために必要となる戦略として，ポーター（Porter, M.E.）[1947-]が示した3つの基本戦略（コスト・リーダーシップ，**差別化**，**集中戦略**）などを典型例としてあげることができる。また**多角化戦略**のタイプと企業業績との関係性に注目したルメルト（Rumelt, R. P.）の研究も内容論の1種として示すことができる。企業はどのような戦略をとればよいのか，またその戦略がどのような企業成果に結びつくのかを探究しており，今日でも研究者も実務家も高い関心を抱く研究である。何をすべきかを示す規範論的，理想論的な研究として位置づけることができる。

　しかしながら規範や理想というのは，しばしば現実離れしてしまうことも少なくない。さらに非常に限定された状況下のみで有効だった内容を広く一般化してしまう危険性もある。経営戦略論においても研究の進展とともに，内容論へ偏重することに対する疑問が呈せられ始める。そしてミンツバーグ（Mintzberg, H.）[1939-]らは，特にトップ主導で策定される経営戦略の有効性に対しても疑問を提示する。彼らは，北米の企業を対象にして調査をした結果として，トップが意図的に策定した**計画的戦略**で大きな成功に至ったものが10％程度に過ぎなかったことを示す。一方で，トップが当初意図していなかったものの，他の組織メンバーによる試行錯誤を少しずつ積み重ねながら，結果として企業を大きな飛躍に導いた戦略も少なくないとして，**創発的戦略**と称している。またバーゲルマン

（Burgelman, R.A.）は，特に大きな**イノベーション**を起こしていくためには，多様なメンバーによるトップの意図を逸脱したような自律的戦略行動が不可欠になると示している。すなわち経営戦略は徐々に形成されていくもの，次第に立ち現れてくるものとして位置づけているのである。

図1　2つの戦略化モデル

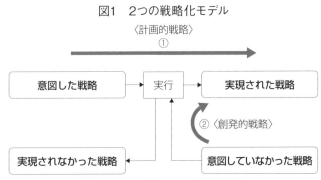

〈計画的戦略〉
①

| 意図した戦略 | → | 実行 | → | 実現された戦略 |

②〈創発的戦略〉

| 実現されなかった戦略 |　| 意図していなかった戦略 |

出所：Mintzberg et al.（1998），訳書p.13の図表をベースに筆者加筆作成

　そこで計画的戦略型の戦略創造過程を**戦略策定**（図1の①）と呼び，一方の創発的戦略型の戦略創造過程を戦略形成（図1の②）と呼んで，両者の戦略化過程の差異に注目をする。内容論が規範や理想を求めていたのに対して，過程論においては戦略が創造されていくまでの現実や記述に特に注目しているとして位置づけることもできる。なお戦略策定過程を規範的に示した代表例として古典的な**SWOT分析**をあげることができる。SWOT分析では，企業の内部分析を通じて，自社の強み（strength）と弱み（weakness）を明らかにし，また外部分析を通じて，自社を取り巻く機会（opportunity）と脅威（threat）を明らかにした上で，新たな戦略創造をしていく。その過程において中心的な担い手になるのは経営トップである。

トップ以外の組織メンバーの重要性に着目していたミンツバーグや
バーゲルマンの戦略形成過程とは対比的であるとして示すことがで
きる。同時に，両者とも組織メンバー（ヒト）に着目した**戦略化**モ
デルであるという共通点がある。

　一方で，欧州の研究者たちが中心となり研究進展が始まっている
「Strategy as Practice（**実践としての戦略**）」の中では，戦略創造過程に
おける組織メンバー以外の存在，さらにはヒト以外の存在にも注目
する研究がある。Strategy as Practice においては，戦略とはそもそ
も組織が保有しているのではなくて，戦略していく（do strategy,
strategizing）ものであること，またトップ以外のヒトやモノにも注
目していくことがしばしば強調される（Whittington, 1996;
Jarzabkowski et al., 2007）。すなわち戦略形成のみならず，戦略策定も
含めた戦略創造過程の現実について詳細に記述していく。またトッ
プを含めた組織メンバーのみならず，例えばコンサルタントや顧客
のような外部メンバーの活動や彼らとの相互交流も分析対象とす
る。さらにはモノ，例えば社内のレイアウトやホワイトボード，パ
ワーポイントなどの設備備品に注目して，ヒトとモノの関係性が戦
略創造過程に与える影響に目を向ける研究もある。

　しかしながら，現実を詳細に記述するだけでは，各企業や事例の
特殊性を強調し過ぎたり，調査分析すべき対象が際限なく広範にな
り過ぎたりする危険性がある。結果として具体的な戦略化モデルを
示すことが困難になるなど，研究全体が収斂していかない危険性さ
えある。またプラクティス理論に基づいたプラクティス観が全く反
映されずに研究展開しているという批判もある。

　Strategy as Practice は，主に社会学や哲学で研究蓄積されてきた
プラクティス理論を様々な社会科学分野で活用していく新たな研究
潮流の1つであり，その潮流全体は社会科学におけるプラクティ

ス・ターン（実践論的転回）とも呼ばれている。そしてプラクティス理論の中には，特定の人の意思や時間を超えた慣習化された行動を社会的プラクティスとして注目する研究がある。具体例としては，挨拶，食事のマナー，自動車の運転などがあげられている。そこでStrategy as Practice においても，社会的プラクティスを分析の中心に据えて，そのプラクティスが人材や組織そして戦略の形成過程に与える影響，あるいはプラクティスを媒介にした様々な相互交流などにより注目していく必要性が指摘されている（Chia and MacKay, 2007）。

　例えば，上述した創発的戦略の具体例として，ホンダのアメリカ市場進出の成功事例があげられることが少なくない。経営陣が最初に意図していた大型や中型バイクでのアメリカ進出，すなわち計画的戦略は全く思惑通りに進まなかったという。代わりに，広いアメリカ国土をホンダの現地社員が移動するために使用していたスーパーカブに対してバイク販売店ではなく，シアーズなどのスーパーマーケットやスポーツ用品店が興味を抱き始める。そのスーパーカブの販売を起点にして，次第にアメリカ進出が軌道に乗り始めるという事例である。

　このホンダの事例においては，スーパーカブというバイクの運転が注目すべき社会的プラクティスとして示せる。単なる移動のためのプラクティスが次第に広告宣伝のためのプラクティスにもなっていった事例として示すことができる。すなわち，プラクティスに新たな意味や意義が付加されていく過程こそがプラクティス論に基づいた戦略化モデルとして提示できる。戦略は実践（プラクティス）に埋め込まれている，あるいは戦略は実践に従うとして表明できる戦略化モデルである。近年は，特定の地域で大切にされ続けてきた社会的プラクティスに注目して，例えば日本企業において長年大切

にされていた5S（整理，整頓，清掃，清潔，躾）というプラクティス
に注目して，そのプラクティスの意味や意義，あるいは5Sを介し
た相互交流に目を向けながら戦略化モデルを明らかにしていく研究
も展開され始めている（大森, 2016）。

■ 参考文献

Burgelman, R.A.（1983）A Model of the Interaction of Strategic Behavior, Corporate Context, and the Concept of Strategy. *Academy of Management Review,* 8: 61-70.

Chia, R. and B. MacKay（2007）Post-Processual Challenges for the Emerging Strategy-as-Practice Perspective: Discovering Strategy in the Logic of Practice. *Human Relations,* 60（1）: 217-242.

Jarzabkowski, P., J. Balogun and D. Seidl（2007）Strategizing: The Challenges of a Practice Perspective. *Human Relations,* 60（1）: 5-27.

Mintzberg, H., B. Ahlstrand and J. Lampel（1998）*Strategy Safari.* The Free Press.（斉藤嘉則監訳『戦略サファリ』東洋経済新報社，1999年）

大森信（2016）『掃除と経営：歴史と理論から「効用」を読み解く』光文社.

Porter, M.E.（1980）*Competitive Strategy.* The Free Press.（土岐坤他訳『競争の戦略』ダイヤモンド社，1980年）

Rumelt, R.P.（1974）*Strategy, Structure, and Economic Performance.* Harvard University Press.（鳥羽欽一郎訳『多角化戦略と経済成果』東洋経済新報社，1977年）

Whittington, R.（1996）Strategy as Practice. *Long Range Planning,* 29（5）: 731-735.

（大森信）

Keyword

SWOT分析　意図した戦略　イノベーション　機会　脅威　計画的戦略
コスト・リーダーシップ　差別化　実践としての戦略　戦略化　戦略形成
戦略策定　創発的戦略　多角化戦略　プラクティス　プラクティス・ターン
プラクティス観

バーゲルマン　ポーター　ミンツバーグ　ルメルト

理論モデル

▌実践としての戦略モデル
〔Strategy as Practice model〕

　この項目の役割は，**実践としての戦略**（Strategy as Practice: SaP）の代表的な理論モデルについて検討を行うことであるが，早速結論を述べてしまえば，この分野での代表的な理論モデルを指し示すことは極めて難しい。SaP という分野は，SaP というラベルのもとで，多様な理論的枠組みを用いて展開されてきた，経営戦略の形成や変化に関する研究の集合体であるといえる。その中で実際に SaP の理論モデルを構築する試みも行われはしたが，代表的なモデルの構築には至っていない状況にある。そこで，以下では①なぜ SaP は経営戦略研究の一分野としてこのような代表的モデルがない状況にあるのか，②その中で理論モデル構築の試みはどのように行われたのかについて検討を行う。

1. 百花斉放の研究コミュニティ

　SaP が研究プログラムとして公式に発足したのは，European Institute for Advanced Studies in Management（EIASM）が 2001 年 2 月に主催したブリュッセルでのワークショップであるといわれている。その後，SaP に関する議論の蓄積は定期的なワークショップや学会でのサブテーマの設定などを通じて行われ，現在では欧米の主要学会において常設のワーキンググループが設立されている。

　SaP の研究は，戦略は組織が持つものではなく「人々が行うものである」という立場をとり（Whittington, 2006: 613），経営戦略の形成や変化における様々な場面での組織メンバーの行動の諸側面を明らかにしてきた（Johnson et al., 2007）。ただ，ジャルザブコウスキ（Jarzabkowski, P.）らやサイドル（Seidl, D.）らが述べているように，

SaP の主な関心事は，この研究分野に固有の理論的枠組みの構築やその改良というよりも，既存の経営戦略研究では十分に明らかにされてこなかった問題について説明を行うことであった（Jarzabkowski et al. 2007: 19; Seidl et al. 2021: 484）。

これまで SaP の諸研究では，戦略計画プロセス（Whittington and Cailluet, 2008）や**計画的戦略**と**創発的戦略**の関わり（Mirabeau et al., 2018）といった，従来の経営戦略研究で議論されてきたテーマの再検討に加え，ミドルマネジャーの戦略形成プロセスへの参加，現場のマネジャーやコンサルタント，規制当局者の戦略的な役割，戦略形成における組織メンバー間での時間（過去，現在，未来）に関する理解の調整，戦略形成に関するツールの選択と使用，感情的側面の戦略形成への影響など，SaP の登場以前には扱われてこなかった戦略の形成や変化に関わる多様なテーマについて検討が行われてきた。これらのテーマに加え，近年では，これまで戦略的なものとみなされていなかった話題や行為者の実践がどのように戦略的なものになるのか（Gond et al., 2018; Jarzabkowski et al., 2021）といった，大半の SaP の研究が所与としていた経営戦略概念の再検討を分析の射程に含む可能性のある議論も展開されている。

また，上記のようなテーマを扱うにあたり，SaP の経験的研究では多種多様な理論的枠組みが用いられてきた。この点について，コータマキは，これまで蓄積されてきた SaP の研究を対象に共引用分析（co-citation analysis）を行い，SaP の諸研究が，プラクシス（praxis），センスメーキング（sensemaking），言説（discursive），社会物質性（sociomaterial），制度（institutional）という 5 つのクラスターに分かれることを示した（Kohtamäki et al., 2022）。また，彼らの研究は，これらの各クラスターでは異なる文献群を用いて研究が行われており，主要テーマや依拠する理論的枠組み，方法論において異

なっているという，クラスター間の分離や緊張関係が存在していることも示している。ここまでの検討を踏まえれば，SaPという分野は経営戦略研究における1つのアプローチとしての理論的な一貫性よりも，経験的研究を通じてインプリケーションの蓄積を重視してきた研究コミュニティの1つとして捉えることができるだろう。

2. 統合的枠組み構築の試みとその活用

　これまでSaPという研究分野では，研究者の関心に応じて採用された多様な理論的枠組みの下，経営戦略の形成や変化に関する経験的研究が行われ，様々なインプリケーションが提示されてきた。ただ，SaPにおいて固有の理論的枠組みを構築しようとする試みが全く行われなかったわけではなかった。以下では，その代表例としてウィッティントン（Whittington, R.）が行った戦略の実践を捉えるための統合的枠組み構築の試みと，その枠組の活用のされ方について検討する。

　ウィッティントンは，人々の行いとして戦略を捉えるというス

図1　「戦略の実践」を捉えるための枠組み

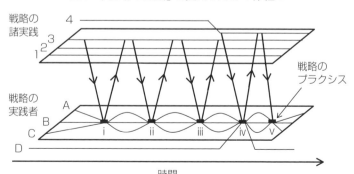

出所：Whittington（2006），p.621を筆者加筆修正

ローガンのもと様々に行われてきた SaP の諸研究に対し，経営戦略論における「実践論的転回を完了する（completing the practice turn）」べく，戦略の実践を捉えるための枠組みを提示した（Whittington, 2006）。そこでは，社会科学における実践理論を援用して「**戦略のプラクシス**（strategy praxis）」「**戦略の諸実践**（strategy practices）」「**戦略の実践者**（strategy practitioners）」という 3 つの概念が提示され，これらの概念の結合として戦略の実践が捉えられた（図 1）。

　まず，「戦略のプラクシス」とは「実践者が実際に行うこと」を意味する。「戦略のプラクシス」は，取締役会やコンサルタントの介入から，打ち合わせや簡単な会話に至るまで多岐にわたるが，経営戦略の形成やその遂行の際に，主に組織内で行われる具体的活動を指す。

　次に「戦略の諸実践」とは「実践者が，通常彼らのプラクシスにおいて利用する」ものである。「戦略の諸実践」とは，「振る舞いの共有されたルーティン，伝統や規範，考える，行為する，および『モノ（things）』を使うための手順」から成り立っている。また，この「戦略の諸実践」には，産業や国家レベルの規範や言説，**SWOT分析**や**ファイブ・フォース分析**のような特定のツールやテクニックも含まれる。

　最後に，「戦略の実践者」とは戦略の原動力（prime movers）として位置づけられ，戦略を形成し実行する主体である。「実践者は，組織内のプラクシスと，そのプラクシスにおいて利用する組織内外の諸実践との間の決定的な結合」と捉えられる。

　つまり，この枠組みにおいて，戦略の実践とは，「戦略の実践者」が規範やルーティン，テクニックといった組織内外の「戦略の諸実践」を利用して「戦略のプラクシス」を行うこととして理解できる。

　ここで説明された枠組みは，その後多くの研究で参照されたが，その活用のされ方は必ずしも彼が企図した形ではなかった。2007年に *Human Relations* 誌上で組まれた SaP の特集号において，ジャルザブコウスキらは上記の鍵概念を用いた枠組みを提示したが（Jarzabkowski et al., 2007），それは SaP の諸研究のマッピング，もしくは新たな研究テーマを検討する分類枠組みとして用いるためのものであった。彼女らは「プラクシス」「諸実践」「実践者」を戦略の実践の構成要素と捉え，これまで行われてきた SaP の研究を，上記3つの要素のいずれか1つを主に扱うテーマに焦点を当てた研究，ならびに3つの要素のうち2つの要素がオーバーラップするテーマに焦点を当てた研究に分類した。その後，2015年に編まれた SaP の Handbook の冒頭部分において3つの鍵概念に基づいて SaP の研究が整理される（Gorsorkhi et al., 2015）など，ウィッティントンが提示した枠組みは，研究の分類枠組みとしてその後も活用されている。彼が提示した理論的枠組みのこのような活用法は，理論的な一貫性が比較的乏しいため，ともすると個別の研究領域に分離しかねない SaP という研究分野において，研究コミュニティとしてのまとまりを維持する役割は果たしているようにも思われる。

■ 参考文献

Golsorkhi, D., L. Rouleau, D. Seidl, and E. Vaara（eds）（2015）*Cambridge Handbook of Strategy as Practice*, 2nd edition. Cambridge, Cambridge University Press.

Gond, J.P., L. Cabantous and F. Krikorian（2018）How Do Things Become Strategic? 'Strategifying' Corporate Social Responsibility. *Strategic Organization*, 16（3）: 241-272.

Jarzabkowski, P., J. Balogun and D. Seidl（2007）Strategizing: The Challenges of a Practice Perspective. *Human Relations*, 60（1）:5-27.

Jarzabkowski, P., M. Kavas and E. Krull（2021）It's Practice. But is it Strategy?

Reinvigorating Strategy-as-Practice by Rethinking Consequentiality. *Organization Theory*, 2: 1-13.

Jarzabkowski, P., D. Seidl and J. Balogun（2022）From Germination to Propagation: Achievements from Two Decades of SAP Research and Future Opportunities and Challenges. *Human Relations*, 75（8）: 1533-1559.

Johnson, G., A. Langley, L. Melin and R. Whittington（2007）*Strategy as Practice: Research Directions and Resources*. Cambridge, Cambridge University Press.（高橋正泰・宇田川元一・高井俊次・間嶋崇・歌代豊訳『実践としての戦略：新たなパースペクティブの展開』文眞堂, 2010 年）

Kohtamäki, M., R. Whittington, E. Vaara and R. Rabetino（2022）Making Connections: Harnessing the Diversity of Strategy‐as‐practice Research. *International Journal of Management Reviews*, 24: 210-232.

Mirabeau, L., S. Maguire and C. Hardy（2018）Bridging Practice and Process Research to Study Transient Manifestations of Strategy. *Strategic Management Journal*, 39（3）: 582-605.

Seidl, D., P. Jarzabkowski and B. Grossmann-Hensel（2021）Strategy as Practice and Routine Dynamics. In M.S. Feldman, B.T. Pentland, L. D'Adderio, K. Dittrich, C. Rerup and D. Seidl（eds）*Cambridge Handbook of Routine Dynamics*. Cambridge, Cambridge University Press: 481-500.

Whittington, R.（2006）Completing the Practice Turn in Strategy Research. *Organization Studies*, 27（5）: 613-634.

Whittington, R. and L. Cailluet（2008）The Craft of Strategy. *Long Range Planning*, 41: 241-247.

（今井希）

理論モデル

Keyword

SWOT 分析　計画的戦略　言説　実践としての戦略　社会物質性　制度センスメーキング　戦略のプラクシス　創発的戦略　ファイブ・フォース分析プラクシス

ウィッティントン　ジャルザブコウスキ

CSVモデル
〔Creating Shared Value model〕

2011 年にポーター (Porter, M.E.)〔1947-〕とクラマー (Kramer, M.R.) の論文によって提案された理論モデルである。CSV とは同論文の原著タイトルである *Creating Shared Value*：*How to reinvent capitalism—and unleash a wave of innovation and growth*（直訳は「共有価値の創造，資本主義を再発明し，革新と成長の波を解放する方策」。頭文字をとって CSV と略される）に由来する。日本語訳の初出では「共通価値の創造」とされているが，原語に忠実に基づけば「共有価値の創造」である。企業が創出する価値を，**株主価値**の視点のみならず社会や環境へ創出する価値と合わせた総体として捉え，その総体的な価値（共有価値）の最大化をゴール（従属変数）としている。この理論モデルでは，共有価値を目指す戦略とは「企業が事業を営む地域社会の経済条件や社会状況を改善しながら（**社会的価値**の創造），自らの競争力を高める方針とその実行（**経済的価値**の創造）」と定義される。なお，同著者らは既に 2006 年に *Strategy and Society*（戦略と社会）という論文で CSV 概念の原型を主張している。

ポーターらは，歴史的に企業は，「社会問題，環境問題，経済問題の元凶であり，社会に犠牲を強いることによって繁栄してきた」と一般に認識されているという。よって今こそ企業は，社会のニーズや問題に取り組むことによって社会的価値を創造し，その結果として経済的価値が創造されるというアプローチを選択すべきだと主張する。企業の成功と社会の進歩は相反するものではなく，再び整合的に結びつくべきだ，という考え方である。

それに関連し，2011 年の論文の中でポーターらがその限界を指摘しているのは「新自由主義の前提」と呼ばれるものである。1969

年にフリードマン（Friedman, M.）によって提唱されたこの考え方は，企業は社会とは切り離され自己完結した存在であるがゆえに，社会問題や環境問題は企業の守備範囲外であり，利益の一部を税金として拠出することでそれらの問題解決に寄与できると主張する。この考え方に基づけば，企業経営者は法律や規則によって定められた最低限の社会や環境への対応（例えば最低賃金の順守や産業廃棄物に含有される有害物質の濃度管理など）を行えば十分であり，それ以上の水準を超えて社会や環境に価値を生み出そうとする金銭的投資は株主利益を犠牲にするものであり，両者の間にはトレードオフの関係が成立する（新自由主義の前提）。ポーターらはこの前提に疑義を唱え，企業が法律や規則で定められた水準以上に社会や環境に価値を生み出すことへと視野を広げることにより，それがさらなる金銭的利益を生み出すケースが存在すると主張する。

　共有価値の最大化を実現するアプローチは，大別して3つある。①製品と市場の見直し（インサイド・アウトその1，後述），②**バリューチェーン**の生産性の再定義（インサイド・アウトその2），そして③企業が拠点を置く地域を支援する**産業クラスター**の構築（アウトサイド・イン），である。

　①製品と市場の見直し（インサイド・アウトその1）とは，社会や環境上の問題を抱えた市場を新たに認識した上で，それら問題の解決に資するような製品・サービスを開発して市場に送り出す方法である。製品自体（内側）によって問題解決（外側）に資するという意味でインサイド・アウト（その1）と分類しておく。例えば，貧困地域に対して栄養価の高いごく低価格のヨーグルトを製造販売したり（グラミン・ダノン社），低所得層へ無担保少額融資サービス（日本の消費者金融レベルの金利）を展開することで低所得層の生活を安定させたりする事業（グラミン銀行等）である。ハイブリッド自動車や電

気自動車も，温暖化ガスの増加という市場での問題に対し，100％化石燃料由来の自動車がそれらの自動車に置き換わることによって，製品自体が環境にプラスの価値を生み出している例といえる。

②バリューチェーンの生産性の再定義（インサイド・アウトその2）とは，バリューチェーン（事業活動の**付加価値**連鎖，サプライチェーンや製造プロセスそのもの）を見直すことにより，そこから生じる社会・環境上の問題を直接解決すると同時に金銭的利益を増やすアプローチである。典型的な例は輸送や販売時の過剰包装の削減である。包装材の緩衝機能や強度を必要最低限に保ちつつ材質を変えたり量を減らすことにより，環境負荷を減らすことができる。同時にコスト削減も達成される。輸送ルートの短縮・合理化は，燃料費削減や時間短縮につながると同時に環境負荷を低減する。節水技術の向上も同様に両面の効果が期待できる。外側に存在する問題に内側から対処して利益を増やすという意味でインサイド・アウトである。

③企業が拠点を置く地域を支援する産業クラスターの構築（アウトサイド・イン）とは，企業がまずサプライヤーや顧客を育成するために対外的投資を行い，それによって環境や社会の問題を解決する（アウトサイドでの問題解決）。それがひるがえって自社の事業活動（インサイド）にも利益をもたらすという意味においてアウトサイド・インといえる。例えば，ネスレ社は，自社にとって重要な原材料であるカカオ豆を生産する各地の農園事業者に対し，生産効率と品質の向上に資する能力育成投資（外側への投資）を行っている。農家の技能向上は農家自身にとっても収入増加を促すありがたい話だが，企業にとっても大量かつ安定的な原材料調達（内側への効果）を保証する。ここで共有価値が創造される。

このように，新自由主義の前提（企業による社会や環境問題への投

資は常に株主利益の犠牲の上に行われる）に疑義を唱え，反例の提示によって共有価値創造の余地を主張している CSV モデルだが，そのもととなるポーターらの主張自体にも揺らぎがあり，また同モデルへの批判もある。

　主張の揺らぎは，ポーターらの論文内に，「企業による社会や環境への価値創出は利益最大化の手段である」という言説と，「企業の目的は経済的価値と社会的価値の総合計たる共有価値の最大化にある」という言説が同時に存在していることに見られる。すなわち，企業による社会や環境の改善行動が，あくまで利益最大化の手段なのか，それとも利益の最大化と共に企業の目的に包含されるのか，が不分明である。前者の言説は現実的で，いくら社会や環境のためだといっても利益を増大させない活動に企業は関与しないという株主の納得も得られやすい考え方である。一方後者は，いわば社会や環境にとっては理想的な企業観といえる。この点において，ポーターらの CSV モデルは，理論モデルとしての因果の明快さにおいて研究の余地が残されている。

　CSV モデルに対する批判も存在する。4 つの論点を紹介しておく。

① 　CSV は独自の新概念ではない。1980 年のフリーマン（Freeman, R.E.）による利害関係者アプローチ，2005 年のハート（Hart, S.L.）による未来を創る資本主義，1994，95，97 年の金井一頼らによる戦略的社会性など，極めて近い概念が既に提出されている。

② 　CSV 概念は企業活動に本来的に備わる社会性と経済性のトレードオフを無視・軽視している。現実の企業活動には両者のトレードオフが不可避の局面も多々あり，CSV モデルはそうした厳しい現実を楽観視し過ぎている。

③ 　CSV モデルは企業の社会的責任（法や倫理の遵守）が全うされ

ていると仮定して主張されるが，それは現実を見誤っている。あ
またの企業不祥事は後を絶たない。
④　CSV は結局のところ利益最大化をゴールとする伝統的な戦略
　理論の枠を出ていない。これは上述した主張の揺らぎで触れた 2
　つの言説のうち，前者への批判である。

　こうした揺らぎや批判を受けつつも，CSV モデルに基づいて企
業が社会や環境を無視することなく，むしろその改善を図ることで
利益を増大させることができれば，社会や地球環境への正の効果は
もちろん，企業は他社が得られない利益を獲得するという**競争優位**
を実現できる。今後も CSV モデルの精緻化と実証研究が望まれる
ところである。

■ 参考文献

Porter, M.E. and M.R. Kramer（2006）Strategy and Society: The Link Between
　Competitive Advantage and Corporate Social Responsibility. *Harvard Business
　Review*, Dec: 78-92.
Porter, M.E. and M.R. Kramer（2011）Creating Shared Value: How to Reinvent
　Capitalism ─ and Unleash A Wave of Innovation and Growth. *Harvard Business
　Review*, Jan-Feb: 62-77.

（岡田正大）

Keyword

CSV　アウトサイド・イン　インサイド・アウト　株主価値　競争優位
経済的価値　産業クラスター　社会的価値　新自由主義の前提　トレードオフ
バリューチェーン　付加価値
クラマー　ポーター

戦略的人材マネジメント（HRM）モデル
〔Strategic Human Resources Management model〕

　戦略的 HRM モデルの元である HRM は，マズロー（Maslow, A.H.）［1908-1970］に始まる一連の動機づけの内容理論の筆者たちの主張がもとになってでき上がった考え方である。

　マズローの欲求五段階説，および人は最終的に自己実現の欲求によって動機づけられるという主張に賛同したマクレガー（McGregor, D.M.）の X 理論・Y 理論，アージリス（Argyris, C.）の不適合理論の主張がもとになっているのである。彼らは，労働者を様々な能力を持つ貯水池（メタファー）として捉え，この貯水池から適切な能力を引き出すのが管理者の役割と考えていた。それまでの労働者を X 理論的人間観で管理するという考え方から，労働者を資源と考え適切に能力を引き出すという考え方に変更しなければならないと主張したのである。

　このような考え方がもととなってさらに概念を拡大させ，人的資源モデルあるいは人的資源管理として研究されるようになった。しかし概念としては曖昧な領域が多く研究者の間で一定の合意が存在していない状況といえる。

　したがって具体的な HRM 施策となると研究者によって大きな違いが存在する。このような状況は研究方法も含めてリーダーシップ理論の状況と極めて似ているといえる。違いは，リーダーシップ行動以外の要因が含まれることである。すなわち，評価，雇用，報酬，訓練，といった様々な制度が含まれるのである。HRM の概念にはもともと人材を開発するという概念が含まれていると考えられるが，そうだとするともともと戦略的であるともいえる。

　戦略的人的資源管理という用語はそれほど古くから使われていた

わけではないが，前述したHRMの諸制度と企業業績との関連が研究されるようになってから戦略的といわれるようになったようである。また，これらの研究は組織内の人的資源に目を向けているが，その内容は大きく2つに分けられる。

1つ目は，どのようなHRMの諸制度群が高い企業業績をもたらすのかを調べた研究である。リーダーシップ行動におけるリーダー行動をHRM諸制度群に置き換えた研究といえる。ここでは多くの研究でHRM諸制度と企業業績の間に相関が見られたが，これもリーダーシップ理論と同様に因果関係は不明である。

2つ目は，**企業戦略**のパターンと適合するHRMの諸制度群を調べる研究である。すなわち，HRM版戦略コンティンジェンシー理論である。

ここまでの戦略的HRMは，企業内が研究対象であったが企業外に目を向けるHRMも登場している。すなわち，組織外の人的資源を発掘するという戦略である。このような施策は古くから行われてきたがポーター（Porter, M.E.）［1947-］が**CSV**の観点から論じて脚光を浴びるようになった。

人的資源と天然資源の異なるところは，人的資源は戦略的にその性質を変化させることができる点である。組織外の資源を教育することによって，新たな資源として利用しようとする試みである。資源の不足が懸念される人材（例えば，理工系学生）に組織が影響（理工系学生を育てる）を及ぼして資源に変えるという発想である。あるいは，発展途上国の子供たちに資金を投じて資源に変え，地域の発展を促すとともに低コストで資源を入手するという発想である。

（山口善昭）

Keyword

CSV　企業戦略　戦略的人材マネジメント（HRM）　リーダーシップ

アージリス　マクレガー　マズロー

理論モデル

事項索引

索
引

人名索引

執筆者一覧 （五十音順） ＊は編集責任者

相澤鈴之助 （秀明大学）

合澤　浩之 （羽衣国際大学）

青木　英孝 （中央大学）

粟屋　仁美 （敬愛大学）

石毛　昭範 （拓殖大学）

石田　修一 （東北大学）

磯山　優 （帝京大学）

伊藤　真一 （目白大学）

伊藤　友章 （北海学園大学）

伊藤　龍史 （新潟大学）

井上　達彦 （早稲田大学）

今井　希 （大阪公立大学）

牛丸　元 （明治大学）

歌代　豊 （明治大学）

内田　和成 （早稲田大学）

円城寺敬浩 （東京富士大学）

遠藤　雄一 （北海道情報大学）

大驛　潤 （中央学院大学）

大月　博司 （中央学院大学）＊

大沼　沙樹 （茨城大学）

大森　信 （大手前大学）

岡田　正大 （慶應義塾大学）

岡田　行正 （広島修道大学）

小川　長 （尾道市立大学）

小沢　和彦 （慶應義塾大学）

加納　拡和 （大分大学）

川﨑　千晶 （東京理科大学）

岸　眞理子 （法政大学）

金　倫廷 （北海学園大学）

久保　亮一 （京都産業大学）

黒澤　壮史 （日本大学）

黄　雅雯 （北星学園大学）

孔　麗 （北海道教育大学）

高坂　啓介 （早稲田大学）

小林　満男 （新潟国際情報大学）

五味　一成 （北陸大学）

今野　喜文 （北海学園大学）

榊原　一也 （国士舘大学）

坂野　友昭 （早稲田大学）

佐々木博之 （山梨大学）

佐藤　敏久 （高崎経済大学）

清水さゆり （高崎経済大学）

鈴村美代子 （成蹊大学）

髙木　俊雄 （昭和女子大学）

髙橋　正泰 （明治大学）＊

竹之内玲子 （成城大学）

谷藤　真琴 （岩手県立大学）

玉井　健一 （小樽商科大学）

田村　泰一 （早稲田大学）

寺畑　正英 （東洋大学）

寺本　直城 （拓殖大学）

中西　晶 （明治大学）

中村　曉子 （北海学園大学）

野村千佳子 （山梨学院大学）

橋本　倫明 （東京都市大学）

日詰慎一郎 （群馬県立女子大学）

日野　健太 （駒澤大学）

平井　孝志 （筑波大学）

廣田　俊郎 （関西大学）

藤田　　誠 （早稲田大学）＊

古田　駿輔 （早稲田大学）

古田　成志 （中京学院大学）

文　　智彦 （埼玉学園大学）

星　和樹 （開志専門職大学）

本多　　毅 （愛知大学）

真木　圭亮 （九州産業大学）

間嶋　　崇 （専修大学）

増田　　靖 （光産業創成大学院大学）

松野奈都子 （釧路公立大学）

三浦紗綾子 （昭和女子大学）

宮元万菜美 （開志専門職大学）

桃塚　　薫 （拓殖大学）

森　　俊也 （長野大学）

山口　善昭 （東京富士大学）

山野井順一 （早稲田大学）

横尾　陽道 （千葉大学）

吉村　孝司 （明治大学）

四本　雅人 （長崎県立大学）

渡辺　　周 （大阪大学）

編者紹介

経営戦略学会（Japan Academy of Strategic Management: JASM）

2001 年 3 月創立。
経営戦略の多元的研究と実践との架橋をテーマとし経営戦略研究者のネットワーク構築と実務家との連携を目的とする学会。
学会誌として『JASM 経営戦略研究』を刊行している。
会長　　藤田　誠（早稲田大学）
事務局　info@senryaku.org
学会ウェブサイト　https://www.senryaku.org/

2023 年 3 月 20 日　　初版発行　　　　　　略称：経営戦略ハンド

キーワードからみる　経営戦略ハンドブック

編　者　Ⓒ　経営戦略学会

発行者　　　中　島　豊　彦

発行所　同　文　舘　出　版　株　式　会　社
　　　　東京都千代田区神田神保町 1-41　　〒 101-0051
　　　　営業（03）3294-1801　　　編集（03）3294-1803
　　　　振替 00100-8-42935　　http://www.dobunkan.co.jp

Printed in Japan 2023　　　　　　　　DTP：マーリンクレイン
　　　　　　　　　　　　　　　　　　印刷・製本：三美印刷

ISBN978-4-495-39067-9